西藏边境县农村基层党组织建设研究

XIZANG BIANJING XIAN NONGCUN JICENG
DANG ZUZHI JIANSHE YANJIU

王彦智　何君安 ◎ 著

中山大学出版社
·广州·

版权所有　翻印必究

图书在版编目（CIP）数据

西藏边境县农村基层党组织建设研究/王彦智，何君安著.—广州：中山大学出版社，2021.3

ISBN 978-7-306-07130-9

Ⅰ.①西… Ⅱ.①王… ②何… Ⅲ.①中国共产党—农村—基层组织—党的建设—研究—西藏 Ⅳ.①D267.2

中国版本图书馆 CIP 数据核字（2021）第 033432 号

出 版 人：	王天淇
策划编辑：	嵇春霞
责任编辑：	翁慧怡
封面设计：	曾　斌
责任校对：	叶　枫
责任技编：	何雅涛
出版发行：	中山大学出版社
电　　话：	编辑部 020-84110771，84113349，84111997，84110779
	发行部 020-84111998，84111981，84111160
地　　址：	广州市新港西路 135 号
邮　　编：	510275　　传　真：020-84036565
网　　址：	http://www.zsup.com.cn　　E-mail：zdcbs@mail.sysu.edu.cn
印 刷 者：	广州一龙印刷有限公司
规　　格：	787mm×1092mm　1/16　14.5 印张　221 千字
版次印次：	2021 年 3 月第 1 版　2021 年 3 月第 1 次印刷
定　　价：	58.00 元

如发现本书因印装质量影响阅读，请与出版社发行部联系调换

本书为西藏自治区哲学社会科学专项资金项目（项目编号：16BDJ001）研究成果

目 录

第一章 绪论 …………………………………………………… (1)
  第一节 研究背景 …………………………………………… (3)
  第二节 研究目的与意义 …………………………………… (6)
    一、研究目的 …………………………………………… (6)
    二、研究意义 …………………………………………… (8)
  第三节 现有文献综述 ……………………………………… (11)
    一、有关西藏边境县经济社会发展方面的研究 ……… (11)
    二、有关西藏基层党组织建设的总体性研究 ………… (13)
    三、有关西藏边境县基层党组织建设新闻媒体的报道
       分析 ………………………………………………… (16)
  第四节 核心概念界定 ……………………………………… (17)
    一、西藏边境县 ………………………………………… (17)
    二、西藏的边境乡镇 …………………………………… (18)
    三、基层党组织 ………………………………………… (22)
    四、农村基层党组织 …………………………………… (22)
    五、边疆治理 …………………………………………… (23)
    六、"中国特色、西藏特点" …………………………… (24)
  第五节 研究思路、方法和重点、难点 …………………… (25)
    一、研究思路 …………………………………………… (25)
    二、研究方法 …………………………………………… (26)

三、研究的重点、难点 …………………………………（27）
第六节 研究的创新之处与特别说明 ………………………（28）
一、理论创新 ………………………………………………（28）
二、资料创新 ………………………………………………（29）
三、观点创新 ………………………………………………（29）
四、特别说明 ………………………………………………（30）

第二章 "中国特色、西藏特点"边疆治理理论与中国共产党的
　　　　治藏方略 ………………………………………………（31）
　　第一节 我国的边疆与边疆治理概述 ……………………（33）
　　第二节 "中国特色、西藏特点"边疆治理理论的基本内涵
　　　　 ………………………………………………………（39）
　　　一、在坚持国家政治制度和道路的统一性前提下按照
　　　　　西藏地区的特点治理西藏，是"中国特色、
　　　　　西藏特点"边疆治理理论的基本内容 …………（41）
　　　二、坚持中国共产党的领导是"中国特色、西藏特点"
　　　　　边疆治理理论的本质特征 ………………………（43）
　　　三、加快西藏经济社会发展，密切西藏与祖国内地的
　　　　　联系，是"中国特色、西藏特点"边疆治理
　　　　　理论的关键所指 ……………………………………（46）
　　　四、坚决打击民族分裂势力，反对外部干涉，维护祖国
　　　　　统一，加强民族团结，是"中国特色、西藏
　　　　　特点"边疆治理理论得以落实的重要保证
　　　　　 …………………………………………………（48）
　　　五、发挥国家治理体系的作用，运用中国的治理方法
　　　　　化解西藏发展过程中面临的各种问题，是
　　　　　"中国特色、西藏特点"边疆治理理论的
　　　　　具体体现 ……………………………………………（49）

第三节 中国共产党治藏方略：历史、成就与启示 ………（51）
　　一、中国共产党治藏方略的历史回顾 ……………………（51）
　　二、中国共产党治藏方略取得的成就 ……………………（57）
　　三、中国共产党治藏方略的启示 …………………………（59）
第四节 理论与方略的关系述论 …………………………………（62）
　　一、"中国特色、西藏特点"边疆治理理论解决了做好
　　　　西藏工作的五个方面的理论问题 ……………………（63）
　　二、党的治藏方略明确了新时代做好西藏工作的五个
　　　　方面的实践重点 ………………………………………（65）
第五节 党的基层组织建设与西藏基层社会的稳定发展
　　　　………………………………………………………………（67）

第三章 西藏边境县农村基层党组织建设历程回顾 ……………（71）
第一节 1965年自治区成立以前的农村基层党组织的
　　　　建设阶段 …………………………………………………（72）
　　一、和平解放时期，开始在社会上发展党员 ……………（72）
　　二、民主改革时期，开始建立农村基层党组织 …………（75）
第二节 1966—1978年农村基层党组织的艰难发展
　　　　阶段 ………………………………………………………（77）
第三节 1979—2002年农村基层党组织的设置、整顿
　　　　与规范阶段 ………………………………………………（79）
　　一、恢复设置、整顿时期（1979—1989年） ……………（79）
　　二、不断完善、规范时期（1989—2002年） ……………（81）
第四节 2003—2012年农村基层党组织的能力建设阶段
　　　　………………………………………………………………（83）
第五节 新时代服务型农村基层党组织建设阶段 ………………（84）

第四章　党的十八大以来西藏自治区基层党组织建设概况 …… (86)
　第一节　明确"九个严格",强力整顿软弱涣散的
　　　　　党组织 …………………………………………… (86)
　第二节　从贯彻全面从严治党决策部署的高度,统筹谋划
　　　　　基层党组织建设 ………………………………… (88)
　　一、把政治建设摆在首位,统领党的建设 …………… (88)
　　二、以忠诚干净担当为标准,树立了鲜明的选人用人导向
　　　　……………………………………………………… (89)
　　三、强化日常监管,实现选人用人专项检查全覆盖
　　　　……………………………………………………… (91)
　第三节　深入推进"五型"党组织建设,厚植党的执政基础
　　　　　…………………………………………………… (91)
　　一、根据行业,系统强化"五型"党组织建设的顶层设计
　　　　……………………………………………………… (92)
　　二、织密党的基层网络,实现基层党组织全覆盖 …… (92)
　　三、突出思想教育,发挥党组织及其党员的先锋模范作用
　　　　……………………………………………………… (93)
　　四、坚持人往基层走,选优配强农村基层组织,抓党建
　　　　促脱贫攻坚 ……………………………………… (93)
　　五、建立党建责任清单,形成"书记抓、抓书记"的
　　　　责任体系 ………………………………………… (94)
　第四节　扎实推进基层党组织的标准化建设 ………… (95)
　　一、组织体系建设标准化 ……………………………… (96)
　　二、领导班子建设标准化 ……………………………… (96)
　　三、党员队伍建设标准化 ……………………………… (96)
　　四、组织生活标准化 …………………………………… (96)
　　五、工作载体建设标准化 ……………………………… (97)
　　六、工作机制标准化 …………………………………… (97)

七、活动场所建设标准化 …………………………………（97）
　　八、基本工作保障标准化 …………………………………（97）
第五节　强化基层党组织的政治功能与服务功能 …………（98）
　　一、基层党组织的功能定位变迁 …………………………（99）
　　二、基层党组织的政治功能与服务功能的内涵
　　　　和关系 ……………………………………………………（100）
　　三、新时代西藏基层党组织发挥政治功能与服务功能的
　　　　重点 ………………………………………………………（100）

第五章　西藏边境县农村基层党组织建设现状调查 …………（107）
第一节　阿里地区：弘扬"五种精神"，推进党建责任落实
　　　　……………………………………………………………（108）
　　一、以红色教育为重点，大力推进党员教育标准化
　　　　……………………………………………………………（109）
　　二、实施"五步考核法"，大力推进责任落实 …………（109）
　　三、建章立制，推进基层组织标准化 ……………………（110）
　　四、实施党建与扶贫开发"双推进"工程，大力推进
　　　　"两个覆盖"标准化 ……………………………………（110）
第二节　日喀则市："四个突出、一项标准" ………………（111）
　　一、突出加强农村基层党组织建设 ………………………（111）
　　二、突出农村基层骨干队伍建设 …………………………（112）
　　三、突出加强农村基层基础保障 …………………………（114）
　　四、突出实施农村基层党组织"八个标准化"建设
　　　　……………………………………………………………（115）
第三节　山南市：打造"千里边境党建长廊" ………………（116）
　　一、落实党委的主体责任，抓好农村基层党建工作
　　　　……………………………………………………………（116）
　　二、大力推进服务型农村党组织建设 ……………………（117）

三、狠抓农村基层组织队伍建设，发挥党组织和党员
　　　　干部的先锋模范带头作用 …………………………（118）
　　四、加大资金投入，突出农村基层党组织的政治功能
　　　　和服务功能 ……………………………………………（119）
第四节　山南市洛扎县：抓党建"六大工程" …………………（120）
　　一、狠抓"组织强边"工程 ……………………………（120）
　　二、狠抓"政策扶边"工程 ……………………………（121）
　　三、狠抓"产业兴边"工程 ……………………………（122）
　　四、狠抓"惠民富边"工程 ……………………………（123）
　　五、狠抓"维稳固边"工程 ……………………………（124）
　　六、狠抓"共建促边"工程 ……………………………（125）
第五节　山南市错那县：打造党建"红色桥头堡" ……………（126）
　　一、深化"组织固堡"工程建设 ………………………（126）
　　二、深化"阵地守堡"工程建设 ………………………（127）
　　三、深化"制度强堡"工程建设 ………………………（127）
　　四、深化"效能廉堡"工程建设 ………………………（128）
　　五、深化"活动活堡"工程建设 ………………………（128）
　　六、深化"产业富堡"工程建设 ………………………（129）
第六节　山南市隆子县：开展党建"六六五"模式 ……………（129）
　　一、加强党建示范点建设 ………………………………（130）
　　二、大力开展"六六五"模式，助推"千里边境党建
　　　　长廊"建设 ……………………………………………（130）
　　三、开展"村村红旗飘、家家挂领袖像"活动 ………（131）
第七节　山南市浪卡子县：党建扶贫计划 ……………………（131）
　　一、全面落实管党治党责任 ……………………………（132）
　　二、抓组织队伍建设 ……………………………………（132）
　　三、抓精准扶贫，以党建促脱贫 ………………………（133）

第八节　林芝市米林县：打造全面从严治党的"米林经验" …………………………………………………… （134）
　　一、始终注重坚持全面从严治党的政治方向 ……… （135）
　　二、始终注重聚焦全面从严治党的主责主业 ……… （136）
　　三、始终注重把握全面从严治党的方式方法 ……… （137）
　　四、始终注重打造全面从严治党的"米林经验" … （138）

第九节　米林县南伊乡琼林村：守土固边强堡垒，
　　　　产业惠民聚民心 …………………………… （139）
　　一、琼林村基层党组织建设简况 …………………… （140）
　　二、农牧民党员放牧与守边相结合 ………………… （141）
　　三、红色"小牧屋"作用发挥凸显 ………………… （141）

第十节　米林县里龙乡甲帮村：壮大集体经济，构建和谐
　　　　甲帮 ………………………………………… （142）
　　一、"引领帮带"，在富民强村上创先争优 ……… （142）
　　二、"改创培树"，在构建和谐新村上创先争优 … （144）
　　三、"管治控防"，在创建平安新村上创先争优 … （145）

第六章　西藏边境县农村基层党组织建设的成就、经验
　　　　及面临的特殊问题分析 …………………… （146）

第一节　西藏边境县农村基层党组织建设的成就总结 … （146）
　　一、各级党委切实履行全面从严治党主体责任 …… （146）
　　二、以标准化为抓手解决了长期困扰农村基层党组织
　　　　建设的诸多难题 ………………………………… （148）
　　三、农村基层党组织建设特色亮点频现 …………… （151）
　　四、在发挥农村基层党组织的政治功能和服务功能
　　　　方面成效卓著 …………………………………… （152）

第二节 西藏边境县农村基层党组织建设的基本经验 …（153）
  一、旗帜鲜明讲政治是加强农村基层党组织建设的
    根本要求 ……………………………………………（153）
  二、坚定理想信念是加强基层党组织建设的根本保证
    ………………………………………………………（153）
  三、坚持问题导向是加强基层党组织建设的强劲引擎
    ………………………………………………………（154）
  四、密切联系和服务群众是加强基层党组织建设的
    内在要求 ……………………………………………（155）
  五、全面从严治党是加强基层党组织建设的根本方针
    ………………………………………………………（155）

第三节 西藏边境县农村基层党组织建设面临的特殊问题
    ………………………………………………………（156）
  一、西藏边境县农村基层党组织建设面临着特殊的
    反分裂斗争形势 ……………………………………（157）
  二、西藏边境县农村基层党组织建设面临着特殊繁重的
    攻坚脱贫任务 ………………………………………（158）
  三、西藏边境县农村基层党组织身处特殊的宗教文化
    氛围之中 ……………………………………………（159）
  四、西藏边境县农村基层党组织建设存在着诸多特殊的
    困难 …………………………………………………（162）

第四节 凝心聚力做好西藏边境县农村基层党组织建设
    ………………………………………………………（164）

第七章 新时代加强西藏边境县农村基层党组织建设的思考
………………………………………………………………（166）

第一节 从"治边稳藏"的高度，统筹谋划农村基层
    党组织建设 …………………………………………（166）

一、从西藏"两屏四地一通道一前沿"的战略定位，认识边境县农村基层党组织建设的极端重要性 …………………………（167）

二、以政治建设为统领，深入推进边境县农村基层党组织建设 ……………………………………（168）

三、围绕争做"神圣国土的守护者、幸福家园的建设者"，全面加强农村基层党组织建设 …………………（171）

第二节 高扬"老西藏精神"和爱国守边精神，强化农村基层党组织的精神之"钙" ………………（173）

第三节 以加强民族团结进步为着眼点，创新农村基层党组织建设 ……………………………………（175）

一、深化民族团结进步教育，筑牢反分裂斗争的思想根基 …………………………………………（176）

二、铸牢中华民族共同体意识，增强"五个认同" ………………………………………………（178）

三、加强各民族间的交往交流交融，夯实民心基础 ………………………………………………（179）

四、促进各民族像石榴籽那样紧紧抱在一起，同心共筑中国梦 ……………………………………（180）

五、共同团结奋斗，共同繁荣发展 …………（182）

六、全面贯彻党的宗教工作方针，积极引导宗教与社会主义社会相适应 …………………………（182）

第四节 推进乡村振兴，进一步巩固农村基层党组织建设的基础 ……………………………………（183）

一、西藏边境县乡村振兴的现有基础 …………（185）

二、加强西藏边境县农村基层党组织对乡村振兴工作的领导 ……………………………………（188）

三、强化西藏边境县农村基层党组织在乡村振兴中的
　　　　服务功能 …………………………………………（189）
第五节　对标《中国共产党农村基层组织工作条例》，推进
　　　　农村基层党组织建设，激发组织的战斗力 …（191）
　　一、准确把握农村基层党组织的政治定位，讲党恩爱
　　　　核心 ………………………………………………（192）
　　二、认真落实农村基层党组织的职责，讲团结
　　　　爱祖国 ……………………………………………（192）
　　三、强化农村基层党组织对乡村振兴工作的领导，
　　　　讲贡献爱家园 ……………………………………（194）
　　四、加强农村基层党组织在农牧民生活方式转型方面的
　　　　示范带动作用，讲文明爱生活 …………………（195）
　　五、强化西藏边境县乡镇党委的领导功能，培养
　　　　和选拔好"双带头人" ……………………………（196）
第六节　发挥党政军警民合力强边固防优势，形成共建共治
　　　　共享的边境乡村治理格局 ………………………（198）
　　一、西藏边境县农村党政军警民合力强边固防的理论
　　　　与现实依据 ………………………………………（198）
　　二、西藏边境县农村党政军警民合力强边固防的实践
　　　　………………………………………………………（200）
　　三、进一步发挥西藏边境县农村党政军警民合力强边
　　　　固防的建议 ………………………………………（201）

参考文献 …………………………………………………（203）

后　记 ……………………………………………………（211）

第一章 绪 论

西藏，古为羌、戎地，唐、宋时期为吐蕃地，元时为宣政院所辖"乌思""藏""纳里速古鲁逊"等三路宣慰司地，管理前藏、后藏和阿里地区。明朝设置"乌思藏""朵甘思"两都指挥使司和俄力思军民元帅府，分别管理卫（前藏）、藏（后藏）、阿里和昌都地区。清朝时，分卫（前藏）、藏（后藏）、喀木（康）、阿里4部，总称西藏。同时，为了强化中央王朝对西藏的管理，朝廷派员勘定西藏与四川、云南、青海等省的省界，将康定、理塘、巴塘等地划归四川管理，将中甸、阿敦子、维西等地划归云南管理。至此，西藏行政区划基本固定，除了民国年间一度将昌都、察隅等以东地区划归西康省（后被撤销）管理，其行政区划一直延续至今。1951年，西藏和平解放；1956年，西藏自治区筹备委员会成立；1959年，西藏开始民主改革；1965年9月，西藏自治区正式成立。

西藏自治区位于我国大陆西南部，地处北纬26°52′—36°32′，东经78°24′～99°06′，西北、北部、东北与新疆维吾尔自治区和青海省交界，东隔金沙江与四川省相连，东南与云南省和缅甸相接，南与印度、尼泊尔、不丹等国毗邻，西与克什米尔地区接壤，边境线长约4000千米。全区东西长约1900千米，南北宽约1000千米，行政管辖面积120多万平方千米，约占我国国土面积的1/8。[1] 西藏地处青藏高原的主体部分，东部和南部为海拔2000～4000米的高山谷

---

① 参见《西藏百科全书》编委会《西藏百科全书》，西藏人民出版社2009年修订版，第1页。

地，西部和北部为海拔4000～5500米的大山环绕的雪地草原，中部为拉萨河、年楚河、雅鲁藏布江冲积而形成的河谷低地。区域内山脉连绵，雪峰重叠，江河纵横，湖泊棋布，东南边缘森林茂密，西部、北部地区草原相接，中部河谷地带良田广布。截至2018年年底，西藏自治区共辖7个地市，分别是拉萨市、日喀则市、昌都市、林芝市、山南市、那曲市和阿里地区；辖74个县（区），其中，包括8个市辖区（即拉萨市的城关区、堆龙德庆区、达孜区，日喀则市的桑珠孜区，昌都市的卡若区，林芝市的巴宜区，山南市的乃东区和那曲市的色尼区），以及66个县；辖702个乡镇单位。林芝市、山南市、日喀则市和阿里地区为4个边境地市，由东向西分布，下辖21个边境县、162个乡镇、1104个村居；其中有110个边境乡镇，628个一线、二线边境村及察隅农场。根据人口抽样调查资料推算，截至2018年年底，西藏自治区全区常住人口总数为343.82万人，其中，城镇人口107.07万人，占总人口的31.14%，乡村人口236.75万人，占总人口的68.86%。①

　　西藏真正步入现代文明社会始于1949年中华人民共和国成立以后，历经1951年的和平解放、1959年的民主改革、1965年的自治区成立和1978年后的改革开放等关键节点和重要发展阶段，实现了由封建农奴制度到社会主义制度、由封闭贫穷落后到开放富裕文明的两大"历史性跨越"②。改革开放后，中央先后于1980年3月、1984年2月、1994年7月、2001年6月、2010年1月、2015年8月，共召开了六次西藏工作座谈会，专门研究西藏工作，进一步明确了西藏工作在党和国家工作大局中的重要地位，强化了全党全国对这个大局的认知，根据国家的发展形势和需要与西藏经济社会发展的阶

---

① 参见西藏自治区统计局、国家统计局西藏调查总队《2018年西藏自治区国民经济和社会发展统计公报》，载《西藏日报》2019年5月28日第3版。
② 中华人民共和国国务院新闻办公室：《西藏发展道路的历史选择》，载《人民日报》2015年4月16日第14—16版。

段性特征，研究和制定每一段时期西藏工作的指导思想、工作思路、目标追求和重大举措。当前，西藏自治区党委和政府正以习近平新时代中国特色社会主义思想为指导，全面贯彻党的十九大和十九届二中、三中、四中全会及中央第六次西藏工作座谈会精神，贯彻习近平总书记关于"治边稳藏"的重要论述和一系列重要指示、批示、贺信精神，统筹推进经济建设、政治建设、文化建设、社会建设和生态文明建设"五位一体"总体布局，协调推进全面建成小康社会、全面深化改革、全面推进依法治国、全面从严治党"四个全面"战略布局，团结和带领全区各族人民打好防范化解重大风险、精准脱贫和污染防治"三大攻坚战"，突出保障和改善民生，不断增强各族群众的获得感、幸福感、安全感，促进经济的长足发展，实现社会大局的持续稳定、长期稳定、全面稳定，为全面建成小康社会收官打下决定性基础①。

第一节 研究背景

研究西藏边境县的农村基层党组织建设（简称"党建"）问题，既是我们有特色的研究方向——党的治藏方略的理论与实践研究的重要研究领域，也是新时代西藏边境县深入推进改革发展的必然需求。

西藏21个边境县，因绝大多数的县同印度等邻国存在着严重的边界纷争，长期受到分裂势力的干扰破坏。同时，所有边境县或是主要从事传统耕作的农业县（如林芝市的墨脱县、察隅县、朗县等），或是以牧业为主的半农半牧县（如山南市的错那县、日喀则市

---

① 参见齐扎拉《政府工作报告——二〇一九年一月十日在西藏自治区第十一届人民代表大会第二次会议上》，载《西藏日报》2019年1月24日第1版。

的亚东县、阿里地区的札达县等），或是完全的牧业县（如日喀则市的仲巴县、萨嘎县）。因此，西藏边境县地理位置敏感、重要，生产生活方式又有很大的特殊性。这就决定了对该地区稳定与发展的研究始终是加强民族团结和反对民族分裂以守护国家安全和社会稳定的重点，是落实精准扶贫任务以如期实现全面建成小康社会宏伟目标的难点，是贯彻中央第六次西藏工作座谈会上所确定的"确保国家安全和长治久安，确保经济社会持续健康发展，确保各族人民物质文化生活水平不断提高，确保生态环境良好"① （简称"四个确保"）之战略目标的关键点。

在工作实践中，不论是维护县域的和谐稳定，还是实现当地经济社会的持续健康发展，全面加强党的建设，不断提高农村基层党组织的凝聚力、创造力和战斗力，都是坚持党的领导、坚持中国特色社会主义制度、坚持民族区域自治制度的牢靠基石，是各级组织牢牢抓住维护祖国统一和民族团结这个着眼点和着力点，实现改善民生、凝聚人心、夯实基础目的的必然要求。列宁同志曾经在《进一步，退两步》一文中指出，党组织愈坚强，"党内的动摇性和不坚定性愈少，党对于它周围的、受它领导的工人群众的影响也就会愈加广泛、全面、巨大和有效"②。由于西藏边境地区地域面积广阔，人口居住分散，社会的控制力、组织力和动员力主要依靠基层党组织，特别是在边境的管控中，西藏基层党组织发挥着至关重要的作用。而在这方面，当地农牧民基于相同的宗教信仰，以及物质需求和精神需求，彼此之间相互信任，自然形成一种自发性的社会动员网络，因此，他们更容易达成集体行动，并在现代通信工具和媒体网络的助推下，很容易造成强大的社会影响。如果这种社会动员网

---

① 新华社：《依法治藏富民兴藏长期建藏　加快西藏全面建成小康社会步伐》，载《人民日报》2015年8月26日第1版。

② 中共中央马克思恩格斯列宁斯大林著作编译局：《列宁选集》第1卷，人民出版社2012年版，第473页。

络及其活动在合法的前提下推动，则"有利于促进社会的进步"；否则，"有可能被达赖集团所利用，对社会稳定造成巨大的负面影响"。① 有鉴于此，西藏自治区党委和政府高度重视边境县农牧区基层党组织的建设，不仅研究制定了《中共西藏自治区委员会关于进一步加强农牧区基层组织建设的意见》、《中共西藏自治区委员会关于贯彻〈中共中央关于加强和改进新形势下党的建设若干重大问题的决定〉的实施意见》、《中共西藏自治区委员会、西藏自治区人民政府关于进一步加强边境地区发展稳定工作的意见》（藏党发〔2012〕2号）、《中共西藏自治区委员会办公厅、西藏自治区人民政府办公厅关于转发区党委组织部等4部门〈从全区优秀村（居）党支部书记中选拔乡镇公务员工作的实施方案〉的通知》（藏党办发〔2012〕34号）等一系列政策文件，而且在事关边境地区稳定发展的每一个文件中，均强调加强农村基层党组织的建设，切实发挥其战斗堡垒作用。党的十八大以来，西藏自治区将开展党的群众路线教育实践活动、加强基层党组织建设、推进社会管理体制创新、推动基层经济社会发展及落实精准扶贫任务并举，全面加强边境县农村基层党组织、乡村领导班子和基层阵地建设。对此，以《西藏日报》为核心的媒体进行了系列性的跟踪报道分析。

与西藏自治区党委的高度重视和媒体的报道分析形成鲜明对比的是，或许因西藏边境县路途艰远、相关问题的政治敏感性强及存在语言障碍等因素，学术界对西藏边境县稳定与发展这一至关重要问题的研究尚未真正展开，专门研究边境县农村基层党组织建设的文献更为稀缺。通过检索现有文献即知，学术界对西藏边境有关问题的研究主要集中在党和国家的边境政策、边境管控、边境贸易和边境县经济社会发展等方面，我们尚未发现有专门研究西藏边境县

---

① 参见孙勇《维护西藏地区社会稳定对策研究》，西藏人民出版社2015年版，第450页。

农村基层党组织建设问题的成果。

2019年,中共中央印发了《中国共产党农村基层组织工作条例》。《中国共产党农村基层组织工作条例》是随着我国农村改革发展形势任务的变化,对1999年颁布的旧版《中国共产党农村基层组织工作条例》的修订,并根据新的形势变化和发展需要,详细规定了新时代农村基层党组织建设的指导思想、组织设置、职责任务,以及在农村各领域建设中的领导作用、领导班子和党员队伍建设的规范等,共计10章48条。

有鉴于此,本书尝试通过研读党中央和西藏自治区党委的政策文件及媒体的报道分析,较为系统地梳理西藏边境县农村基层党组织建设与发展的历程;通过实地调研,获得第一手的资料,分析和总结党的十八大以来西藏边境县农村基层党组织建设的成就,以及长期影响其有效发挥战斗堡垒作用的特殊情势、特殊任务、特殊问题。在此基础上,紧紧围绕新时代西藏边境县实现脱贫、乡村振兴、全面建成小康社会等核心任务,进而实现经济社会长足发展和长治久安的战略目标,从学理上提出具体的建议。

第二节 研究目的与意义

一、研究目的

本书是在西藏自治区贯彻落实党中央全面从严治党决策部署、全面加强农牧区基层组织建设的实践及各位学术前辈和同人已有研究成果的基础上,以马克思主义及中国化的马克思主义,特别是习近平新时代中国特色社会主义思想为指导,通过较为系统性的研究,希望达到如下目标。

首先，通过研究农村基层党组织建设及在党组织的带领下西藏边境县农村经济社会发展现状，从农村基层党组织建设层面，向世人展示在习近平新时代中国特色社会主义思想的指导下，在党的领导下，党的治藏方略在西藏的成功实践，在中华人民共和国成立70周年、西藏民主改革60周年之时，西藏"五位一体"社会主义现代化建设及国家西南边疆建设所取得的举世瞩目的成就。

其次，全面总结改革开放以来西藏21个边境县农村基层党组织建设的基本经验，在理论和实践两个层面上，阐述进一步加强西藏边境县农村基层党组织建设的战略价值，组织在实际运作过程中面临的特殊形势、存在的现实困难和问题。据此，提出符合西藏边境县农村实际情况的学理和政策建议，从而为进一步增强党在西藏边境县的执政基础探寻理论支撑，为进一步实现西藏边境县农村基层党组织的正确功能定位探讨科学对策，为进一步推动西藏边境县农村顺利实现凝聚人心、夯实基础、稳边固本的基础性目标和"四个确保"战略目标探索方策。

再次，不少学者认为，所言藏学往往是一个类似于国外学者所讲的"汉学"内涵的概念，将核心内容集中在研究藏族的历史、社会、宗教和传统文化上，似乎其他方面的研究不能称之为"藏学"。① 事实上，古代藏学是以神学特别是藏传佛教思想为主导思想，以大小五明为学科体系的。② 现代以来，藏学通过融入现代科学知识和方法才得以逐步发展壮大。因此，我们只有不断拓展藏学的研究领域方能使藏学发扬光大③，这是基本的常识。故此，本书希望通过对西

---

① 参见李加才让《中国藏学的学科界定与研究现状述评》，载《青海师范大学民族师范学院学报》2009年第1期，第6页。
② 参见拉巴平措《中国现代藏学的历程与展望》，载《中国藏学》2006年第2期，第5页。
③ 参见拉巴平措《中国藏学研究的回顾和展望》，载《中国藏学》2001年第3期，第16页。

藏边境县农村基层党组织建设的研究，拓展和深化藏学研究领域，为学术界进一步深入研究西藏基层政权相关问题拓展思路，奠定较为翔实的资料基础。同时，更希望通过此项研究，使我们这些青年教师更为深入地关注西藏、了解西藏、热爱西藏，切实转变研究方向，投身到西藏实现"四个确保"战略目标过程中所面临的各种理论和现实问题的研究中去。

最后，西藏自治区共有四所本科院校和三所专科院校，高校数量少，马克思主义理论学科发展明显滞后于祖国内地高校是不争的事实。学科发展水平不高，不仅难以满足贯彻落实习近平总书记于2018年10月15日致西藏民族大学建校60周年贺信精神，以实际行动落实立德树人的根本任务，为西藏培养"靠得住、用得上、留得住、下得去"的可靠建设者和接班人的需要，而且难以为西藏自治区党委和政府的决策提供有力的智力支持，更难以发挥学术研究的资政功能。因此，本书也希望能够为促进西藏高校马克思主义理论学科的建设，充实和丰富西藏高校马克思主义理论学科的教学内容服务。

这应当是具有理论意义和实践价值及特殊政治意义的。

二、研究意义

研究西藏边境县农村基层党组织建设问题，不仅具有重要的理论意义，更有其深刻的现实意义。

从理论上而言，研究西藏边境县农村基层党组织建设问题并提出对策建议，可以为进一步增强党在西藏边境县的执政基础探寻理论支撑。目前，有关西藏党组织建设的研究，学者更多地关注的是西藏全区的党建工作，鲜有分析研究西藏边境县的基层党组织建设，更少有通过调查研究去专门、系统化地探寻西藏边境县的农村基层党建问题，从而使得西藏边境县农村基层党组织建设缺乏系统的、全面的学理支撑。本书紧紧围绕"西藏边境县农村基层党组织建设"这个主题，展开一系列的实践调查、文献阅读等，分析并探究西藏边境县农村基层党组织建设的基本情况、相关问题及解决对策。这可以为进一步增强西藏边境县党的执政基础探寻理论支撑。此外，本书将借鉴现代政党理论的研究成果，紧密结合西藏边境县的实际情况，努力梳理、总结具有"中国特色、西藏特点"的边疆治理理论范式及其与党的治藏方略之间的关系。这有利于丰富、拓展、巩固我党在西藏边境县农村基层党组织建设的相关理论内涵。

从现实角度而言，本书所进行的有关西藏边境县农村基层党组织建设的研究，主要有以下三个方面的现实价值。

首先，有利于增强西藏边境县党委及普通党员干部的党建意识，巩固我党在西藏边境县的执政基础。通过调查研究可知，在西藏边境县农村基层党组织建设的具体实践中，存在着不同于祖国内地，也有别于"一江两河"流域县区的特殊形势、特殊困难、特殊问题。譬如，西藏边境县的农村党组织对自身所面临的特殊复杂的形势缺乏应有的研判，缺乏对自身建设作用和价值的深刻认识；一些农牧民党员干部把精力和时间放在了提高个人生活水平上，而没有团结和带领当地各族人民群众实现生产生活方式转型发展的动力。同时，西藏边境县农村基层党组织成员在发展中鲜有机会参与党校培训学习。不论哪一种情况，他们都大多忽略了党的相关理论知识的学习，没有积极参与党组织的相关活动；对党和国家的利好政策，乡村振兴、边境建设的发展规划理解不到位；等等。以上这些问题严重影响了西藏边境县的农村基层党组织建设，亟待解决。本书通过实践调查，分析上述问题存在的原因，并努力提出有针对性的建议，从而为增强边境县党委和普通党员干部的党建意识，巩固我党的执政基础提供智力支持。

其次，有利于推动西藏边境县农村凝聚人心、稳边固本的基础性目标的实现，加快西藏"四个确保"战略目标的全面实现。西藏边境线长，地广人稀，加之人民群众特殊的生产生活方式，增加了西藏边境县农村基层党组织建设的困难。而西藏边境县的农村基层党组织处于边境管理、边境党建的最前沿，是边境县农村实现稳定发展目标的领导核心。这一领导核心地位，决定了西藏边境县的农村基层党组织在凝聚人心、夯实基础、稳边固本等方面发挥着不可替代的重要作用。因而，分析研究并推动西藏边境县的农村基层党组织建设，有利于推动西藏边境县农村凝聚人心、稳边固本的基础性目标的实现。新形势下，中央第六次西藏工作座谈会上提出了"四个确保"战略目标。在具体的工作实践中，西藏边境县农村基层党组织承担着政治领导核心、凝聚人心、服务群众、整合利益、稳定社会、化解矛盾等多重职能。我们可以肯定地说，没有农村基层党组织战斗堡垒作用的充分发挥，西藏全区顺利实现"四个确保"战略目标的进程将会受到严重影响。

最后，有利于促进我国民族地区党的建设事业的发展，推动各民族间的团结、国家的统一和民族地区的发展。作为少数民族聚居区之一的西藏地区，其党组织建设也是我国民族地区党建事业的重要组成部分。研究西藏边境县农村基层党组织的建设情况，不仅是为了巩固我党在西藏的领导，夯实党的执政基础，更是为了推动西藏全区党的建设事业的发展，从而在一定程度上为促进我国民族地区党建事业的发展提供有益的经验借鉴。近年来，民族分裂势力、怀有政治意图的宗教组织纷纷利用复杂的边境地区环境，对边疆民族地区进行渗透、分裂、破坏和颠覆活动。基于此，我党要求必须加强对边疆民族地区的领导，以推动新时代新形势下的民族进步团结事业，巩固国家的边境安全，促进边境乡村的振兴。研究西藏边境县的农村基层党组织建设情况，可以为强化西藏全区的基层党组织建设提供借鉴，为我国民族地区加强基层党组织建设提供新的思路。

第三节 现有文献综述

通过查阅现有研究资料，我们尚未发现国外学界的任何有关研究资料。因此，本书仅就国内的现有研究文献进行综述。

一、有关西藏边境县经济社会发展方面的研究

在现有文献资料中，学者关于西藏边境县的研究主要集中在服务型政府建设、经济发展、社会稳定、教育均衡等方面，可将其概括为政治、经济、社会、教育这几个方面。

在政治方面，更多人研究的是西藏边境县服务型政府的建设。例如，曹迪依据大量文献分析提出了"公务员素质、公民参与、制度环境及电子政务服务水平是影响西藏边境县服务型政府建设的四个因素"之假设，进而分析、验证了西藏边境县服务型政府建设的影响因素。同时，曹迪还分析了西藏边境县服务型政府建设的重要性，以及西藏服务型政府建设中行政环境的特殊性，提出了一些加快西藏边境县服务型政府建设方面的具体建议。[①]

在研究西藏边境县经济发展方面，主要研究以下三方面内容。一是以一个或几个边境县为例，以小见大，分析西藏边境县经济发展现状，进而提出相应的对策建议。例如，周晓阳在探索西藏边境县经济跨越式发展时，以吉隆县为例，运用SWOT分析工具对吉隆县经济社会发展的优势和劣势进行了分析，并提出促进边境县经济

[①] 参见曹迪《西藏边境县服务型政府建设影响因素实证研究》，载《西藏发展论坛》2017年第2期，第16—21页。

建设和社会建设的政策措施①。又如，中国人民银行林芝地区中心支行课题组在研究边境县经济发展现状、困难时，选取林芝市的3个边境县为样本，进行了具体分析②。二是研究西藏边境县经济增长与脱贫、扶贫的相互关系。例如，杨阿维、图登克珠就提出"经济增长与脱贫工作息息相关，经济增长对于脱贫工作的带动不仅仅在于增长速率，还在于经济发展过程中各项要素的组合利用状况"，提倡立足于当地的社会结构与区域特色，选择适合当地的产业发展模式与经济增长方式，从而带动扶贫开发③。三是研究西藏边境县的边境贸易状况、优势及其鼓励措施。例如：扎洛教授认为，边境小额贸易对增加边民收入、满足生活所需有着积极意义，对西藏腹心地区经济也产生辐射效应④；尕藏才旦教授依据制约西藏边境地区经济发展的主要问题，提出"建立边境地区金融服务组织体系，以进出口贸易带动边境地区三产协调发展"⑤。

从社会角度而言，学者更重视的是西藏边境县的社会治理和边境稳定。例如：严庆等人以日喀则市的边境县为例，分析了影响边境地区稳定与发展的原因，提出"政府公共服务供给、治理方式、教育、宗教与熟人社会结构是深刻影响西藏边境地区安全与稳定的主要因素"⑥；而贺黎明则侧重于创新西藏边境县的社会治理，提出

---

① 参见周晓阳《促进西藏吉隆县跨越式发展的对策探索》，载《新西部》2014年第32期，第16页。

② 参见中国人民银行林芝地区中心支行课题组《西藏边境地区经济发展现状、困境及金融支持思路：基于对林芝地区三个边境县的调查与思考》，载《西南金融》2012年第10期，第61—63页。

③ 参见杨阿维、图登克珠《西藏农牧区经济增长对扶贫开发的带动性研究》，载《中国农业资源与区划》2016年第1期，第155页。

④ 参见扎洛《西藏的边境小额贸易与边民增收——基于洛扎县的田野调查》，载《中国藏学》2015年第3期，第128页。

⑤ 尕藏才旦：《促进西藏边境县域经济快速发展的新思考》，载《西藏大学学报》（社会科学版）2014年第4期，第1页。

⑥ 严庆、范立强、马宝华：《西藏边境地区稳定与发展调研报告——以日喀则地区边境县为例》，载《民族论坛》2013年第12期，第47页。

了"强化边境管控、维护边防巩固,发展地方经济、坚实社会治理物质基础,依法治理、引导宗教与社会主义社会相适应,去创新边境县的社会治理"等具体建议①。

从教育方面而言,学者主要关注的是西藏边境县基础性教育发展和均衡教育。例如:大索朗提出"均衡教育有利于西藏稳定发展,要通过加大资金投入、消除教育'短板'、采取先进的教育模式等措施努力实现西藏农牧区的均衡教育"②;吴玉珍、梁景之在《西藏边境县基础教育发展现状调查分析——以山南地区洛扎县为例》一文中,以洛扎县为例,分析边境县域基础教育发展的四种办学模式、五大主要问题,并尝试从师资结构、办学模式、教学方式、教师待遇等方面着手去解决现实问题③。

从上述材料分析可知,近年来,学术界有关西藏边境县的研究主要集中于边境县服务型政府建设、边境县经济发展、边境贸易、边境稳定、边境县社会治理及边境县教育水平等方面。目前,还鲜有人研究西藏边境县党组织建设的相关问题,这不利于西藏边境县党组织的建设和发展,也有碍西藏的社会主义现代化建设和稳定发展目标的达成。

二、有关西藏基层党组织建设的总体性研究

根据现有文献资料,学者对西藏基层党组织建设的总体性研究较多,其研究内容主要可分为宏观、中观、微观三个层面。

---

① 参见贺黎明《对创新西藏边境县社会治理的思考》,载《新西藏》2016年第6期,第21页。

② 大索朗:《西藏农牧区如何实行均衡教育》,载《读写算》(教研版)2014年第22期,第34页。

③ 参见吴玉珍、梁景之《西藏边境县基础教育发展现状调查分析——以山南地区洛扎县为例》,载《西藏民族大学学报》(哲学社会科学版)2015年第5期,第50页。

从宏观层面而言，学者主要着眼于如何加强西藏全区的基层党组织建设。例如，多布杰认为，"机关党支部作为党的基层组织，肩负着贯彻落实党的路线、方针、政策的责任，是西藏党建的重中之重"①，进而按照自治区党委的统一安排部署，提出新时期西藏要积极创建学习型、服务型、创新型、引领型和战斗型（简称"五型"）机关党支部。又如，张海生认为，适应新形势，充分发挥西藏基层党组织"推动发展、服务群众、凝聚人心、促进稳定"的作用是至关重要的，提出新形势下加强西藏基层党建要采取"换脑子""搭班子""育苗子""找路子"等措施②。再如，施俊伟认为，基于基层组织建设有利于巩固党的执政基础，提出要强化党的基层组织建设，推动西藏全区党建工作的建议③。

从中观层面而言，学者致力于研究西藏农牧区基层党组织建设工作。一方面，研究西藏农村基层党组织建设现状及对策。例如，孙亚杰结合西藏农村的实际情况，分析西藏农村基层党建存在的问题及原因，并提出政策扶持、健全机制、育好干部等对策，以解决农牧区乡村基层党组织建设存在的问题④。另一方面，研究西藏农牧区基层党组织建设的意义、现状、存在的问题和原因及解决措施。例如，戴林生认为，加强和改进西藏农牧区基层党组织建设工作有着重要的现实意义，要从党员队伍建设、制度建设、班子建设、群众满意度等方面出发，不断开拓西藏农牧区党建工作的新局面⑤。又

---

① 多布杰：《积极创建西藏新时期"五型"机关党支部》，载《新西藏》2018年第1期，第32页。

② 参见张海生《新形势下加强西藏基层党组织建设的几点思考》，载《新西藏》2014年第5期，第49页。

③ 参见施俊伟《扎实推进党的建设新的伟大工程》，载《新西藏》2012年第3期，第47页。

④ 参见孙亚杰《西藏农村基层党组织建设的几点思考》，载《党建研究》（理论版）2015年第8期，第36页。

⑤ 参见戴林生《加强和改进新时期西藏农牧区党建工作》，载《新西藏》2012年第6期，第21页。

如，欧珠认为，当前西藏农牧区基层党组织建设工作中，存在着支部组织生活形式较为单一、理论学习深度不够、成员素质低等问题，从党建工作和工作人员能力等方面分析其原因，提出"党建要严程序、强组织、强党风党纪、有高素质和高执政能力"①。再如，西藏自治区党校第十七期中青班第四课题组认为，西藏农牧区基层党组织既是带领群众增收致富促发展的领导核心，更是反分裂、促和谐的前沿阵地。据此，必须研究西藏农牧区党组织建设的若干问题，提出抓教育、抓规范、抓投入等"六抓"措施来加强西藏自治区农牧区的基层党组织建设②。

从微观层面而言，学者多以西藏某个县、某个乡或某个村为例，分析探讨如何推动西藏农村基层党组织建设工作。例如：日喀则市桑珠孜区委组织部以"日常推进机制、定期观摩机制、经常督导机制、示范点创建机制、联动考评机制"③这五项机制去推动基层党建工作；江铸文分析了江孜县有关班子建设、硬件设施、党员教育、创新载体等"四个破题"实践措施，着力强化基层党组织的战斗堡垒作用，深入推进全县的党建工作④；陈敦山、杨红昌以改则县察布乡为例，分析了西藏偏远地区农村基层党组织建设中存在的问题、原因，并就"加强西藏偏远地区基层党建、促进西藏社会和谐稳定"进行思考，探讨适应当地实际情况的方策⑤；罗布通过对扎囊县沙布夏村的调研，了解沙布夏村的党建现状和主要问题，提出西藏农村

---

① 欧珠：《浅论当前西藏农牧区基层党建工作存在的突出问题及解决对策》，载《理论学刊》2012 增刊，第 14 页。

② 参见西藏自治区党校第十七期中青班第四课题组《西藏农牧区基层党组织建设若干问题研究》，载《西藏发展论坛》2010 年第 1 期，第 9—10 页。

③ 中共日喀则市桑珠孜区委组织部：《西藏日喀则市桑珠孜区五项机制促进基层党建》，载《党建研究》2017 年第 1 期，第 59 页。

④ 参见江铸文《江孜"四个破题"强化支部堡垒作用》，载《新西藏》2015 年第 3 期，第 41 页。

⑤ 参见陈敦山、杨红昌《加强西藏偏远村级党组织建设　促进西藏社会和谐稳定——以改则县察布乡为例》，载《西藏发展论坛》2015 年第 1 期，第 65 页。

基层党组织科学化建设的途径，包括建立健全干部管理机制、加强干部培训、完善干部考核机制、抓好特色产业发展和农村党员发展等①。

综上所述可知，学者在研究西藏基层党组织建设时，不论从哪个层面进行分析研究，都是围绕着西藏基层党建存在的问题、原因和解决对策的逻辑顺序展开的。学者更多的是结合具体实际，因地制宜，提出加强西藏基层党组织建设的对策和措施。从反向思维角度而言，即鲜少有人研究西藏基层党组织建设的价值所在，也很少有人从理论层面系统化地探讨强化西藏基层党组织建设的模式，更鲜有人专门研究西藏边境县基层党组织建设的问题。

三、有关西藏边境县基层党组织建设新闻媒体的报道分析

事实上，由于西藏边境县地处偏远、政治敏感性强等，有关西藏边境县基层党组织建设的研究资料非常少，主要见于以《西藏日报》为核心的媒体的相关报道分析。鉴于新闻媒体的报道分析的特点，其内容主要是报道党的十八大以来各边境地市、县、乡镇、村贯彻落实自治区党委要求的建设"五型"党组织和基层党组织的标准化建设之进展、成就、特色做法。

因为该部分内容将集中在本书的第四章中进行研究分析，故在此不再赘述。

综上所述，关于西藏边境县基层党组织建设的研究较少，全面性是远远达不到的，特别是缺乏在实地调研的基础上进行有针对性的研究。这正为本书提供了广阔的空间，当然也是本书的价值和创

---

① 参见罗布《从沙布夏村看西藏农村基层党组织建设》，载《新西藏》2014年第8期，第31页。

新之所在。

第四节 核心概念界定

为了行文的方便和避免造成研究中术语使用的混乱，更为了不至于引起不必要的误解，现就本书中频繁使用的几个核心概念做简要的界定。围绕"西藏边境县农村基层党组织建设"这一主题，本书所涉及的核心概念包括西藏边境县、边境乡镇、基层党组织、农村基层党组织、边疆治理和"中国特色、西藏特点"。

一、西藏边境县

根据西藏74个县（区）的地理区位和生产生活方式，西藏自治区党委和政府及学术界习惯上将其分为边境县、农业县、牧业县、半农半牧县、"一江两河"开发县、粮食基地县6种类型。其中，边境县共21个，从地理位置上看，由东向西分布，分别是：林芝市的察隅县、墨脱县、米林县、朗县，山南市的隆子县、错那县、洛扎县、浪卡子县，日喀则市的康马县、亚东县、岗巴县、定结县、定日县、聂拉木县、吉隆县、萨嘎县、仲巴县，阿里地区的普兰县、札达县、噶尔县、日土县。本书所指的西藏边境县，正是这21个边境县。

这21个边境县由于生产生活方式不完全相同，又可以细化为农业县、牧业县和半农半牧县三类。西藏自治区21个边境县分类的具体情况见表1-1。

表1-1 西藏自治区21个边境县分类

农业县	牧业县	半农半牧县
察隅县、墨脱县、米林县、朗县、隆子县、洛扎县、定结县、定日县、聂拉木县、吉隆县	萨嘎县、仲巴县	错那县、浪卡子县、康马县、亚东县、岗巴县、普兰县、札达县、噶尔县、日土县

资料来源：西藏自治区统计局、国家统计局西藏调查总队：《西藏统计年鉴2017》，中国统计出版社2017年版，第4页。

二、西藏的边境乡镇

截至2018年年底，西藏21个边境县共辖162个乡镇。2018年西藏自治区边境县具体的乡镇建制情况见表1-2。

表1-2 2018年西藏自治区边境县乡镇建制

林芝市	4县，10镇，18乡，269村居	
察隅县	3镇	竹瓦根、下察隅、上察隅
	3乡	察瓦龙、古拉、古玉
墨脱县	1镇	墨脱
	7乡	格当、达木珞巴民族乡、帮辛、德兴、背崩、加拉萨、甘登
米林县	3镇	派、米林、卧龙
	5乡	丹娘、羌纳、南伊珞巴民族乡、扎西绕登、里龙
朗县	3镇	洞嘎、朗、仲达
	3乡	金东、拉多、登木

续表1-2

山南市	4县，7镇，31乡，231村居	
隆子县	2镇	隆子、日当
	9乡	扎日、玉麦、斗玉珞巴民族乡、准巴、三安曲林、加玉、列麦、雪萨、热荣
错那县	1镇	错那
	9乡	卡达、觉拉、浪坡、吉巴门巴民族乡、贡日门巴民族乡、麻麻门巴民族乡、勒门巴民族乡、曲卓木、库局
洛扎县	2镇	拉康、洛扎
	5乡	边巴、拉郊、生格、色、扎日
浪卡子县	2镇	打隆、浪卡子
	8乡	张达、伦布雪、多却、阿扎、卡龙、卡热、白地、普玛江塘
日喀则市	9县，15镇，62乡，550村居	
康马县	1镇	康马
	8乡	涅如麦、涅如堆、少岗、南尼、萨玛达、康如、嘎拉、雄章
亚东县	2镇	帕里、下司马
	5乡	堆纳、上亚东、下亚东、吉汝、康布
岗巴县	1镇	岗巴
	4乡	孔玛、龙中、直克、昌龙
定结县	3镇	江嘎、日屋、陈塘
	7乡	多布扎、定结、扎西岗、琼孜、确布、萨尔、郭加
定日县	2镇	协格尔、岗嘎
	11乡	尼辖、长所、措果、曲洛、曲当、加措、扎西宗、扎果、盆吉、克玛、绒辖

续表1-2

聂拉木县	2镇	樟木、聂拉木
	5乡	乃龙、锁作、门布、亚来、波绒
吉隆县	2镇	吉隆、宗嘎
	3乡	差那、折巴、贡当
萨嘎县	1镇	加加
	7乡	夏如、旦嘎、达吉岭、如角、雄如、拉藏、昌果
仲巴县	1镇	帕羊
	12乡	布多、吉玛、琼果、帕玛、亚热、拉让、隆尔、偏吉、纳久、吉拉、霍尔巴、仁多
阿里地区		4县,4镇,15乡,54村居
普兰县	1镇	普兰
	2乡	霍尔、巴嘎
札达县	1镇	托林
	5乡	达巴、香孜、萨让、楚鲁松杰、底雅
噶尔县	1镇	狮泉河
	4乡	门士、左左、昆莎、扎西岗
日土县	1镇	日土
	4乡	东汝、热帮、多玛、日松

资料来源：中华人民共和国民政部：《中华人民共和国乡镇行政区划简册2012》，中国统计出版社2012年版，第374—377页。同时，根据各县政府网站进行更新。

西藏21个边境县下辖162个边境乡镇，其中，110个是国家民族事务委员会和西藏自治区党委、区政府认定的边境一线、二线乡镇，90个是西藏自治区教育厅及教育考试院认定的可以享受招生考试特殊政策照顾的边境一线乡镇。具体情况见表1-3。

表1-3 享受西藏自治区招生考试特殊照顾政策的边境一线乡镇名单

地区	县	乡镇名称
林芝市	察隅县	竹瓦根、下察隅、上察隅
	墨脱县	格当、达木珞巴民族乡、背崩
	米林县	派、丹娘、羌纳、米林、南伊珞巴民族乡、里龙、卧龙
	朗县	金东
山南市	隆子县	扎日、玉麦、斗玉珞巴民族乡、准巴、三安曲林、加玉
	错那县	卡达、觉拉、浪坡、错那、吉巴门巴民族乡、贡日门巴民族乡、勒门巴民族乡、曲卓木、库局
	洛扎县	边巴、拉康、拉郊、生格、色、扎日
	浪卡子县	打隆、普玛江塘
日喀则市	康马县	涅如堆、康马、萨玛达、嘎拉、雄章
	亚东县	堆纳、帕里、上亚东、下亚东、下司马、吉汝、康布
	岗巴县	龙中、岗巴、昌龙
	定结县	琼孜、萨尔、日屋、郭加、陈塘
	定日县	曲当、扎西宗、扎果、岗嘎、绒辖
	聂拉木县	乃龙、亚来、樟木、聂拉木、波绒
	吉隆县	吉隆、宗嘎、贡当
	萨嘎县	雄如、拉藏、昌果
	仲巴县	亚热、拉让、偏吉、纳久、帕羊、吉拉、霍尔巴
阿里地区	普兰县	霍尔、巴嘎、普兰
	札达县	达巴、萨让、楚鲁松杰、底雅
	噶尔县	扎西岗
	日土县	日松、日土

资料来源：西藏自治区教育考试院，并经林芝、山南、日喀则、阿里4地市教（体）局确认。

根据历年的《中华人民共和国乡镇行政区划简册》和各县政府网站的记述，并根据西藏边境地市、县人民政府（行署）门户网站的相关信息整理，截至2018年年底，西藏21个边境县共辖1104个村居，其中，628个属于边境一线、二线乡村（含察隅农场）。本书所指农村或乡村，即指这1104个村居，尤其是628个边境乡村。

三、基层党组织

基层党组织，也就是党的基层组织，是党在社会基层组织中的战斗堡垒，是党的全部工作和战斗力的基础，直接影响到党的凝聚力、影响力、战斗力的充分发挥。《中国共产党章程》第五章第三十条明确规定："企业、农村、机关、学校、科研院所、街道社区、社会组织、人民解放军连队和其他基层单位，凡是有正式党员三人以上的，都应当成立党的基层组织。党的基层组织，根据工作需要和党员人数，经上级党组织批准，分别设立党的基层委员会、总支部委员会、支部委员会。基层委员会由党员大会或代表大会选举产生，总支部委员会和支部委员会由党员大会选举产生，提出委员候选人要广泛征求党员和群众的意见。"

西藏边境县基层都是以农牧业为主的农牧区，城镇化率总体很低。因此，西藏边境县基层党组织是指设在县直机关、企事业单位的基层党组织，162个乡镇党委和设在农牧区乡村的党委、党总支、党支部和村民小组的党小组等。

四、农村基层党组织

过去，学术界在"何为农村基层党组织"的问题上，往往存在一定的争议，不少人单纯地将其理解为党在农村设立的党委或党总支、党支部和党小组，而乡镇党委作为国家政权体系的组成部分并不被视为农村基层党组织。2019年，中共中央颁布的《中国共产党农村基层组织工作条例》第二条明确规定："乡镇党的委员会（以下简称乡镇党委）和村党组织（村指行政村）是党在农村的基层组织，是党在农村全部工作和战斗力的基础，全面领导乡镇、村的各类组织和各项工作。必须坚持党的农村基层组织领导地位不动摇。"① 这就为我们清楚地界定了何为农村基层党组织。

因此，本书中所指称的"农村基层党组织"就是指西藏21个边境县162个乡镇党委及其领导下的各乡村基层党组织。

五、边疆治理

在研究西藏边境县农村基层党组织建设时，边疆治理是必不可少的话题。20世纪80年代以后，中国边疆及边疆治理研究开始受到重视，历史学学者较早地在著述中使用了"边疆治理"一词，那时偶尔被提及的"边疆治理"实际上都是指历代王朝的治边活动。② 到2008年，云南大学的周平教授在《我国的边疆与边疆治理》一文中，首次对"边疆治理"概念进行了清晰的界定。文章明确提出："国家必须运用政权的力量，动员其他社会力量，运用国家和社会的资源，去解决边疆问题，这就形成了边疆治理。从本质上看，边疆治理是一个运用国家权力并动员社会力量解决边疆问题的过程。"③ 此后，周平教授在他的多部著作中，进一步全面阐释了"边疆治理"概念。本书将采用周平教授对"边疆治理"概念的界定，即所言的"边疆治理"，就是指国家为了实现边疆安全、稳定和发展，整合政治力量

---

① 新华社：《中共中央印发〈中国共产党农村基层组织工作条例〉》，载《人民日报》2019年1月11日第1版。

② 参见孙保全、赵健杉《"边疆治理"概念的形成与发展》，载《广西民族大学学报》（哲学社会科学版）2017年第3期，第18页。

③ 周平：《我国的边疆与边疆治理》，载《政治学研究》2008年第2期，第68页。

和社会力量，运用全国资源去解决边疆问题。此外，边疆治理中的"边疆"包括陆地边疆和海域边疆，因西藏无海疆，故本书的"边疆治理"所涉及的仅是陆地边疆治理。

六、"中国特色、西藏特点"

西藏是一个地域辽阔、经济社会发展相对滞后、民族宗教问题交织的特殊的少数民族省区，是在我国的发展中具有"两屏四地一通道一前沿"重要战略价值的边疆省区；西方反华势力支持下的达赖集团是一个在国际上有影响的分裂主义政治集团。同时，西藏与四川、云南、甘肃、青海4省的藏族聚居区存在着政治、经济、文化上的相互联系和相互影响。这正是习近平总书记"治国必治边、治边先稳藏"重要论述的精要之处。"文革"期间无视西藏民族宗教等方面的特殊性所造成的不少问题之事实昭示我们，如果不能正确认识西藏的特殊性，将会给党的西藏工作造成很大的困难。西藏又是我国统一政治体系下的一个省区，西藏工作是党的西藏工作，国际国内形势和全党工作任务是党制定西藏工作政策的大背景、大前提。在此背景下，根据西藏经济社会发展的阶段性特征确定具体目标任务，才能做好西藏工作。随着社会主义新西藏的建设取得举世瞩目的成就，国家的一体化建设随之跟进，西藏与全国各省区的共同性因素在不断增强，已经处于基本同步科学发展的阶段。忽视了统一性这个大前提，就会再犯20世纪80年代过分强调西藏的特殊性，从而造成巨大的工作失误和人民群众思想上的混乱等政治性错误。因此，习近平总书记2014年在中央民族工作会议上特别强调，要做到统一与自治、民族因素与地域因素"两个结合"。①

2007年12月召开的西藏经济工作会议上，西藏自治区党委正式

---

① 参见习近平《习近平谈治国理政》第2卷，外文出版社2017年版，第300页。

提出"中国特色、西藏特点"这一命题,并得到中央的认可。笔者认为,"中国特色、西藏特点"这一命题除了被运用于经济层面的经济发展战略上,更具有深刻的政治内涵,即包括统一的多民族国家的独特发展、旧西藏的特质与新西藏的跨越、从传统到现代的转型、稳边固土的治国考量。① "中国特色、西藏特点"命题要求在建设社会主义新西藏的过程中,必须在坚持中国特色社会主义制度的统一规制这一前提下,结合西藏自身特点,因地制宜,因时制宜,促进西藏的建设和发展。"中国特色、西藏特点"体现了普遍性与特殊性的有机结合,它将我国全国的发展与西藏地方的建设发展有机地统一起来,既有利于推动中国特色社会主义事业的发展,更有利于促进西藏社会主义现代化建设事业的繁荣发展。

第五节 研究思路、方法和重点、难点

研究思路决定了本书的逻辑顺序,研究方法决定了研究内容的审视视角和探究问题的路径。

一、研究思路

本书将在研读文献的基础上,运用历史研究法,全面总结西藏和平解放以来,尤其是民主改革以来西藏21个边境县农村基层党组织建设的历史过程和经验启示;并且利用寒暑假期赴实地调研、访谈,获得第一手资料。根据所得资料,努力阐述"中国特色、西藏特点"的边疆治理理论的内涵,为本书创建理论基础。在此基础上,

---

① 参见王彦智《"中国特色、西藏特点"命题的政治内涵解析》,载《贵州民族研究》2014年第4期,第5页。

以党的治藏方略为指导，系统性地研究党的十八大以来西藏自治区基层党组织建设的措施与成就，各边境地市、县党委加强农村基层党组织建设的特色做法，详细分析新时代下制约西藏边境县农村基层党组织建设的特殊形势、特殊问题。最后，深入研究新时代西藏边境县农村基层党组织进一步建设与发展的路径。最终的目的是希望通过实施符合西藏边境县农村基层党组织实际情况的建设举措，将 21 个边境县的农村基层党组织建设成为宣传党的主张、贯彻党的决定、领导边境乡村振兴、团结各族人民群众、推动改革发展的坚强战斗堡垒。

二、研究方法

本书主要采用以下五种研究方法。

（一）文献分析法

如前所述，通过对《中国共产党章程》《中国共产党农村基层组织工作条例》，党中央和西藏自治区党委、政府的有关文件，以及学术界关于基层党组织建设的相关研究文献进行研读，为本书研究过程中理论范式的阐释和核心观点的凝练奠定基础。

（二）历史研究法

通过运用该方法，探寻和平解放以来，尤其是民主改革以来西藏边境县农村基层党组织建设的基本脉络，从而总结出历史留给我们的启示。

（三）归纳与演绎

归纳与演绎是本书使用最频繁的研究方法。

（四）调查研究

调查研究是本书大力弘扬的研究方法。通过实地调研和访谈，尽最大的努力获取第一手资料，从根本上保证所有研究内容的真实可靠性和思考建议的可供操作性。

（五）案例分析法

案例分析法也是本书使用的研究方法之一。

三、研究的重点、难点

本书研究的重点和难点主要体现在以下四个方面。

（一）理论阐释上的困难

理论创新总是一件困难的事情，如何阐释好"中国特色、西藏特点"的边疆治理理论，并讲清楚"中国特色、西藏特点"的边疆治理理论与党的治藏方略之间的关系，既是本书的理论基础，更是本书中首先遇到的难点和重点。

（二）资料查找上的困难

迄今为止，关于西藏边境县农村基层党组织建设的资料主要是西藏自治区党委和政府发布的政策文件与以《西藏日报》为主的媒体的报道分析，学术界关于基层党组织建设的研究成果能够为本书提供思路和方法论上的启迪，但不能提供直接的资料支持。这就需要我们深入西藏边境地市委和县委组织部门、乡镇党委和乡村党组织进行实地调研和访谈。

(三) 实地调研上的困难

西藏边境县地广人稀、情况复杂，各县域间的差异很大，且自然条件恶劣，这使得实地调研必然存在许多意想不到的困难。更为重要的是，出于保密的原因，我们很难从西藏边境县的县乡党委获得所需要的一些研究资料；即使获得了，也不能在研究中直接使用。这就需要我们花费更多的时间深入边境县农村进行细致的访谈、观察和思考。

(四) 西藏边境县农村基层党组织职责的特殊性

西藏边境县农村基层党组织在实践过程中所发挥的作用并不完全与祖国内地相同，它所承载的特殊职责更是艰巨而神圣的。这之中，必然存在着如何正确定位边境县的农村基层党组织与乡村"两委"之间的关系，政府与社会关系的协调，以及农村基层党组织与边境国防力量间的协同等一系列问题。

第六节 研究的创新之处与特别说明

本书期望在以下三个方面有所创新。

一、理论创新

2016年5月17日，习近平总书记在哲学社会科学工作座谈会上的讲话中指出：新时代，要"着力构建中国特色哲学社会科学，在指导思想、学科体系、学术体系、话语体系等方面充分体现中国特色、中国风格、中国气派"①。本书将努力阐述"中国特色、西藏特点"的边境治理理论的内涵及其与党的治藏方略之间的关系,并以此为范式开展研究。

二、资料创新

一方面,笔者认真查阅《西藏自治区志·政务志》《西藏自治区志·民政志》及4个边境地市和21个边境县的相关志书,以及相关的党史党建资料,全面总结和平解放以来西藏边境县农村基层党组织建设的历史进程和基本经验。另一方面,2017年7月和2018年8月,笔者两次到西藏边境县进行实地调研和访谈,获得了大量的第一手资料,从而为下一步更为深入的研究奠定资料基础。

三、观点创新

本书的观点创新集中体现在以下几个方面。

首先,较为全面地概括了党的十八大以来,西藏全区贯彻落实全面从严治党决策部署,深入推进"五型"基层党组织建设和基层党建标准化的具体举措,以及所取得的成就。

其次,在"中国特色、西藏特点"的边疆治理理论内涵的规制下,以党的治藏方略为指导,积极探寻新时代西藏边境县农村基层党组织的政治定位和功能定位,以及西藏边境县农村基层党组织与当地经济社会长足发展和长治久安战略目标的有机契合。

再次,探索西藏边境县农村基层党组织永葆先进性、凝聚力和战斗力的长效机制。

最后,新时代,针对西藏边境县农村特殊的情况和特殊的政治

---

① 习近平:《习近平谈治国理政》第2卷,外文出版社2017年版,第338页。

行政目标，提出了较有针对性和操作性的思考与建议。

四、特别说明

需要做出特别说明的是，一方面，尽管西藏边境县农村基层党组织建设确有其特殊性，但是，西藏边境县农村基层党组织建设也是在全国全面从严治党决策部署的大背景下，在西藏自治区党委的统一部署下开展的。因此，在全文的表述中，不少地方很难将全区的统一情况与边境地市、县、乡镇党委的特色做法区别开来。另一方面，我们在实地调研和访谈中获得的一些资料是具有一定机密性的，能够参考，但不能直接使用。本书所使用的资料，全部是调研和访谈所获资料中不涉密的和已经在《西藏日报》、中国西藏新闻网、本地政府门户网站上刊发的资料。

当然，西藏边境县农村基层党组织建设是一个宏大的课题。限于我们研究能力和实际工作经验的缺失，所有的总结与思考、建议主要是学理性的，可能在实践中出现难以操作的情况。

第二章 "中国特色、西藏特点"边疆治理理论与中国共产党的治藏方略

广袤的国土和统一的多民族国家是我国的基本国情。这一国情决定了对边疆地区的治理也历来都是中国国家治理体系的重要组成部分。古今中外，不少国家就是因为不能很好地处理边疆民族问题而导致国家建设面临重重困难，或是最终走向溃败。从这一意义上来讲，"民族建设是国家建设成功的关键，直达国家的核心内涵"①。西藏位于我国西南边疆，自古以来就和中原地区有着密切的联系，历史上的中央封建王朝也形成了对西藏稳定而有效的治理方式。步入21世纪后，在深入总结中华人民共和国成立以来党经略西藏的历史成就和经验的基础上，中国共产党从新的时代背景和西藏实际出发，逐步形成了"中国特色、西藏特点"的边疆治理理论。党的十八大以来，以习近平同志为核心的党中央明确提出了"治国必治边、治边先稳藏"的重要论述；并就维护祖国统一，加强民族团结，建设美丽西藏，争做"神圣国土的守护者、幸福家园的建设者"做出了系列性的指示，形成了党的治藏方略，并在中央第六次西藏工作座谈会上给予了正式命名。② 习近平总书记在中央第六次西藏工作座谈会上的讲话中，深刻地阐述了党的治藏方略的基本内涵："必须坚持中国共产党领导，坚持社会主义制度，坚持民族区域自治制度；

---

① [美] 弗朗西斯·福山：《政治秩序与政治衰败：从工业革命到民主全球化》，毛俊杰译，广西师范大学出版社2015年版，第186页。
② 参见新华社《依法治藏富民兴藏长期建藏 加快西藏全面建成小康社会步伐》，载《人民日报》2015年8月26日第1版。

必须坚持治国必治边、治边先稳藏的战略思想，坚持依法治藏、富民兴藏、长期建藏、凝聚人心、夯实基础的重要原则；必须牢牢把握西藏社会的主要矛盾和特殊矛盾，把改善民生、凝聚人心作为经济社会发展的出发点和落脚点，坚持对达赖集团斗争的方针政策不动摇；必须全面正确贯彻党的民族政策和宗教政策，加强民族团结，不断增进各族群众对伟大祖国、中华民族、中华文化、中国共产党、中国特色社会主义的认同；必须把中央关心、全国支援同西藏各族干部群众艰苦奋斗紧密结合起来，在统筹国内国际两个大局中做好西藏工作；必须加强各级党组织和干部人才队伍建设，巩固党在西藏的执政基础。"①

笔者认为，党的治藏方略是对"中国特色、西藏特点"边疆治理理论的丰富、充实、完善和提升，是新时代党的西藏工作的根本遵循。近年来，西藏地区社会稳定、边疆稳固、经济发展，各领域的建设呈现前所未有的良好势头。可以说，"中国特色、西藏特点"边疆治理理论，既是对我国几千年来边疆治理历史经验的继承和创新，又是中国特色社会主义制度优越性在西藏地区的生动体现，有利于发挥中国体制的优势，适应西藏地区稳定发展的要求。在梳理我国边疆治理历史经验的基础上，总结和解析"中国特色、西藏特点"边疆治理理论的内涵，分析中国共产党治藏方略的成就与启示，是进一步做好西藏工作、推动西藏地区更好更快发展的基本要求，也是研究西藏边境县农村基层党组织建设的基础性工作。

---

① 新华社：《依法治藏富民兴藏长期建藏　加快西藏全面建成小康社会步伐》，载《人民日报》2015年8月26日第1版。

第一节　我国的边疆与边疆治理概述

边疆，即一个国家处于国界、自然地理边界的疆域，常有以下特点：处于国家边境地区，多与外国接壤，而与中心地区有较远的距离；由于地理、交通等条件限制或开发较晚，经济社会发展往往落后于中心地区；多民族聚居或杂居，民族成分复杂；文化传统、风俗习惯因受内外多种因素的综合影响，与中心地区存在一定差异。出于以上种种原因，边疆地区的治理和国家中心地区的治理也会有所不同。一般而言，国家政权要把维护边疆的稳定安全、维护国家的领土主权完整和民族的团结、增进边疆与中心地区的联系以促进国家深度的一体化放在首要位置，对边疆地区采取与中心地区有所区别的政策，使治理措施更加符合边疆的实际情况，收到最好的效果。

我国是一个面积广大、人口众多、历史悠久的国家。历史上，中华民族无论就地域、人口、文明发展高度、历史悠久程度、对人类文明的贡献度和影响力等方面而言，都堪称一种"文明体系"，而不仅仅是一个统一的多民族国家。中华文明以黄河、长江流域的开发为最早，并因其一直处于相对发达的水平而对周边地区形成了持久的凝聚和辐射作用。在这一过程中，中华文明的主体民族汉族和周边地区各民族也一直发生着政治、经济、文化、社会等方面的密切联系和民族融合，共同促进了中华文明的繁荣，也形成了汉族离不开少数民族、少数民族离不开汉族、各少数民族也相互需要相互离不开的民族关系。正如习近平总书记在全国民族团结进步表彰大会上的讲话中所指出的那样，"我们辽阔的疆域是各民族共同开拓的……我们悠久的历史是各民族共同书写的……我们灿烂的文化是各民族共同创造的……我们伟大的精神是各民族共同培育的"，"一部中国史，就是一部各民族交融汇聚成多元一体中华民族的历史，就是各民族共同缔造、发展、巩固统一的伟大祖国的历史。各民族之所以团结融合，多元之所以聚为一体，源自各民族文化上的兼收并蓄、经济上的相互依存、情感上的相互亲近，源自中华民族追求团结统一的内生动力"。① 形成这一激动人心的良好局面，既是我国各民族经济社会发展的客观结果，也和历朝历代中央政府不断探索和改进对边疆地区的治理、有效维护国家统一与安全、构建和谐民族关系的努力分不开。

历史上，中原王朝治理边疆的具体方式包括以夷制夷、羁縻之道、土司制度、改土归流等。和亲、册封、朝贡、盟誓、教化、互市等维护中央封建王朝与边疆地区关系的做法也属于边疆治理措施的一部分。② 针对这些治理方法，有学者指出，它体现了中原王朝对边疆的治理遵循着"守中治边""因俗而治"的鲜明特点③，反映了中华民族追求"大一统"的价值取向与和而不同、富于包容性的精神特质。

"守中治边"，即首先保证中央封建王朝或中心地区的稳定和富强，为治理边疆提供前提和基础。因为只有保持中央王朝或中心地区的稳定、统一、强盛，边疆治理才有可能实现。如果中心地区发生混乱和动荡，"治边"就失去了主体而趋于混乱。因此，"守中"是"治边"的前提，即如康熙帝所言："中国安宁则外衅不作。"④ 那么，如何"守中"呢？这主要是采用在儒家、法家、道家等中华

---

① 参见习近平《习近平在全国民族团结进步表彰大会上发表重要讲话强调　坚持共同团结奋斗共同繁荣发展　各民族共建美好家园共创美好未来》，载《人民日报》2019年9月28日第1版。

② 参见崔明德《中国古代中原王朝处理民族关系的方式》，载《中国边疆史地研究》2014年第4期，第29页。

③ 参见徐黎丽、李姝睿《"大一统"天下观对中国边疆治理的影响》，载《国家行政学院学报》2015年第6期，第32页。

④ 赵尔巽：《清史稿》第十六册，中华书局1976年版，第4483页。

文明中心地区产生的政治思想影响下形成的一套国家治理方法，包括"修齐治平"、选贤任能、德法相济、重民均平、重视礼制与教化等。它强调君主集权，又主张君主必须关心人民疾苦，实行仁政、德治、礼治，以维护整个社会的良好秩序。

而"治边"的做法则与此不同。

首先，"以夷制夷"是首要的治边政策。"以夷制夷"，即指"战国以来，中原民族政权统治者在依靠自身力量之外，寻求其他民族的力量以驾驭、牵制、抗衡、打击给自身带来威胁的另一民族力量，从而实现其民族政策的一种方法和手段"①。在当时的历史条件下，"以夷制夷"不可避免地包含对少数民族的歧视和利用，但它也有助于以较低的代价实现和平，稳定国家对边疆的统治。同时，必须指出，"华夷"并不是基于血统、肤色形成的一成不变的族群等级划分，而是基于文化、文明的发展及对先进文明的接受与向化程度而形成的可变、相对的划分。即只要"夷狄"接受儒家先进文明就可以成为"华夏"的一部分，而"华夏"也可能因为背离儒家思想和文明标准退为"夷狄"，是谓"诸侯用夷礼则夷之，夷之进于中国则中国之"②。因此，它也在一定程度上包含了民族平等的意涵。唐太宗就曾经说过："自古皆贵中华，贱夷狄，朕独爱之如一。"③ 而且，在素来"崇文抑武"的中华文明价值体系中，"以夷制夷"只是一种手段，甚至是一种等而下之的手段，更值得推崇的治边之策是"以德服人"，即"远人不服，则修文德以来之"④ "殊方万里，说德归谊"⑤。从这里也可以看出中华文明的精神特征。

---

① 熊贵平：《以夷制夷方略及其在汉代形成和发展的原因探析》，载《江西师范大学学报》（哲学社会科学版）2007 年第 6 期，第 78 页。
② 韩愈著、马其昶校注：《韩昌黎文集校注》卷一《原道》，上海古籍出版社 1986 年版，第 13 页。
③ 司马光编纂：《资治通鉴》卷一九八，岳麓书社 2018 年版，第 221 页。
④ 杨伯峻译注：《论语译注》，中华书局 2012 年版，第 178 页。
⑤ 班固：《汉书·董仲舒传》，中华书局 2012 年版，第 534 页。

其次，是羁縻之道。包括只要少数民族的统治者向中央"称藩"，中央就承认其统治地位，"用本土之法"加以治理；或者设置羁縻府州，由"世守其土"的少数民族首领治理本地，或委派少数民族首领子弟回去统治，中央予以认可和册封。羁縻之道也是在当时的情况下具有合理性的处理民族关系的方式。因为，一方面，中国边疆地区多数是游牧民族生活的地区，而"游牧民族的社会经济是一种有结构性缺陷的社会经济，需要不断南下获取农业地区的粮食、布帛等产品作为补充。……在气候恶劣的年份，还需要南下避寒"①。另一方面，少数民族地区的生产生活方式、价值观念和中原地区存在一定的差异。这就决定了"在社会发展水平还参差不齐的时候，改变少数民族的生活和社会特点并非朝夕之事。如果少数民族本身还没有达到主动要求改变的程度，若通过外力强行改变，不仅难以奏效，而且在情理上也很难讲得通，而且还有可能激化矛盾"②。因此，羁縻之道是有其合理性的。而"从历史事实来看，'羁縻之道'总是排斥武力，反对穷兵黩武，以比较平和的方式消除民族敌对情绪，消弭民族战争"③。从效果来看，"一是，设置羁縻府州等管理机构因尊重了少数民族的生活习惯和社会特点，兼顾了少数民族首领的'面子'，因而比较容易得到少数民族上层统治者及普通民众的理解和支持。二是，册封少数民族首领既比较容易理顺中原王朝与少数民族的关系，又可以巩固中华民族的统一局面，增强中华民族的凝聚力。三是，派少数民族首领子弟回去统治，不仅会更好更快地吸收和传播先进的中原文化及制度，而且还会比较容易地

---

① 方铁：《土司制度与元明清三朝治夷》，载《贵州民族研究》2014 年第 10 期，第 171 页。

② 崔明德：《中国古代中原王朝处理民族关系的方式》，载《中国边疆史地研究》2014 年第 4 期，第 20 页。

③ 崔明德：《中国古代中原王朝处理民族关系的方式》，载《中国边疆史地研究》2014 年第 4 期，第 30 页。

沟通中原王朝和少数民族政权之间的思想感情，同时对减少猜忌、消除误会也有一些作用"①。

最后为土司制度。土司制度主要适用于南方不采用游牧方式的少数民族地区，其实行的朝代主要是元、明、清三朝。土司制度的内容是"中原王朝对愿意接受统治的地方蛮夷首领进行任命，授予蛮夷首领相应的官职，并纳入国家吏治的体系管理。各级土司均有明确的职责和需要承担的义务。经过朝廷的批准，土司可以世袭，继任者可以是原有土司的嫡子，也可以是土司之妻或其他亲属。与祖国内地官员不同的是，对级别较高的土司，朝廷允许统辖规定数量的土军，土军具备地方治安武装与服从征调国防军的双重职能"②。土司制度的推行，减少了土司地区众多地方势力之间为争夺土地、山林和水源而进行的争斗，对各类自然资源可以进行更合理的分配，对少数民族之间的冲突可以起到协调和约束的作用。还通过大量兴办学校和批准土司职位传承等方式培养了土司及其子民对国家的忠诚，为这些地区的开发创造了条件。后来，随着这些地区与中央的关系越来越稳定和密切，中央王朝又选择其中的一部分实行了改土归流，建立同中原地区一样的行政管理体系。

这里有必要总结历史上中原王朝对西藏地区的治理。公元7世纪，吐蕃王朝兴起，唐朝与吐蕃政权建立了密切的联系，文成公主入藏更是谱写了一曲汉藏友好交流的佳话。文成公主之后还有唐中宗时期的金城公主入藏。伴随着唐朝和亲政策的实施，中原的物质文明源源不断地传入吐蕃，对百业待兴的吐蕃王朝产生了巨大而积极的影响，推动了吐蕃王朝的发展与繁荣，特别是吐蕃人学习唐人饮茶的习惯，乃至沾染唐人的赌博风气，都是祖国内地与西藏交流

---

① 崔明德：《中国古代中原王朝处理民族关系的方式》，载《中国边疆史地研究》2014年第4期，第31页。

② 方铁：《土司制度与元明清三朝治夷》，载《贵州民族研究》2014年第10期，第170页。

交往的具体例证。① 后来长期存在的"茶马互市"也是汉藏密切交往的见证。元朝设置了宣政院,管理包括西藏在内的边疆民族地区事务,在西藏设立宣慰使司都元帅等官职,由中央直接任命,受宣政院节制;同时,首次对西藏进行了行政划分,设置驿站,加强了中央与西藏地方的联系。此外,元朝皇帝尊奉喇嘛教首领为帝师,帝师既是皇帝及皇室成员宗教上的老师,还管理全国佛教事务及旧西藏地区的政教事务。明朝继承和发展了元朝的治藏方略,在西藏设立乌斯藏都指挥使司,册封西藏地方宗教首领为"法王""大国师"等;同时,修复驿站,发展西藏地方与中央的经济社会关系,实行茶马互市,重视藏族文化。相对于元朝,明王朝对西藏的治理更加宽松,但是,明朝统治西藏200多年,西藏地方一直倾心内附,没有发生过对抗中央的事件,藏汉民族关系和睦,藏族地方与祖国内地的交往和联系紧密。② 清朝在继承元、明两朝治藏方略的基础上,又做了很大的完善和创新,包括设立驻藏大臣,实行金瓶掣签制度,开始在西藏驻军,等等。清王朝,由于满族和蒙藏在民族关系、宗教信仰上的亲密性,中央和西藏地方一直维持着良好的关系。民国时期,南京国民政府设立蒙藏委员会,在西藏地方设立驻藏办事处,旧西藏噶厦政府还在南京设立了驻京办事处。虽然民国时期国势穷弱,但面对帝国主义对西藏的渗透和侵略,国民政府还是在十分艰难的时局下维护了对西藏的主权。

  总结历史上中国治理边疆地区的做法,可以看出,虽然历朝历代中央政府治理边疆的政策有所区别,但也具有很大的共同性、延续性、发展性。其中,贯穿始终的鲜明特点就是"因俗而治",即根据民族边疆地区的实际,考虑到民族地区的生活习惯、社会特点,

---

① 参见张云《舅甥关系、贡赐关系、宗藩关系及"供施关系"——历代中原王朝与西藏地方关系的形态与实质》,载《中国边疆史地研究》2007年第1期,第8页。

② 参见高玲、杨宝宝《历代中央政府对西藏治理的比较研究——以元、明、清及民国时期为例》,载《鄂州大学学报》2015年第22卷第4期,第6页。

在尊重他们的文化传统和宗教信仰的基础上,依照各少数民族的风俗,实行一定程度的"自治";同时,通过密切中央政府与民族边疆地区上层精英、汉族与少数民族的关系,采取经济往来、资源开发、发展文化教育等方式,在和而不同、包容尊重的原则下实现对边疆地区的良好治理。当然,对从事分裂国家活动的势力及其行径,也保持高度警惕,进行严厉打击。

第二节 "中国特色、西藏特点"边疆治理理论的基本内涵

1921年7月,在风雨如晦的岁月里,中国共产党成立了。中国共产党是以马克思主义为指导,团结带领全国各族人民为实现中华民族复兴伟大梦想矢志奋斗的政党。党一直高度重视民族问题,高度重视西藏地区的稳定、安全和西藏人民生活水平的提高。在党的领导下,西藏改变了旧社会的极端落后面貌,实现了从经济发展、社会制度到精神面貌的巨大改变。尤其是改革开放以来,依靠中国特色社会主义制度的巨大优势,西藏经济、社会、文化、民生各项事业飞速发展,呈现出前所未有的良好局面。

在2007年12月召开的西藏经济工作会议上,时任西藏自治区党委书记的张庆黎同志明确提出了"中国特色、西藏特点"的命题,并在以后历次经济工作会议和政府工作报告中加以阐释。2010年1月,在中央第五次西藏工作座谈会上,时任中共中央总书记、国家主席、中央军委主席的胡锦涛同志在讲话中重点阐述了西藏坚持走"中国特色、西藏特点"的发展路子和"一个中心""两件大事"

"四个确保""五个西藏"问题。① 换言之,"中国特色、西藏特点"的提法得到了中央的认同,并成为西藏各级党委和政府文件及新闻媒体报道中的关键词。此后,胡锦涛同志在全国人民代表大会会议期间,三次参加西藏代表团审议,均谈到了"坚持走有中国特色、西藏特点的发展路子"②之问题。2011年7月19日,时任中央政治局常委、国家副主席的习近平同志在庆祝西藏和平解放60周年大会上的讲话中也指出:"只要我们坚持中国共产党领导、坚持社会主义制度、坚持民族区域自治制度,坚持走有中国特色、西藏特点的发展路子,西藏必将迎来更加繁荣、更加进步、更加美好的明天。"③ 2013年3月9日,习近平总书记在参加十二届全国人大一次会议西藏代表团审议时提出"治国必治边、治边先稳藏"的重要论述;在2015年8月召开的中央第六次西藏工作座谈会上,习近平总书记在讲话中强调指出,做好西藏工作,要坚持"依法治藏、富民兴藏、长期建藏、凝聚人心、夯实基础"的重要原则,"不断增进各族群众对伟大祖国、中华民族、中华文化、中国共产党、中国特色社会主义的认同"。④ 概言之,习近平总书记关于"治边稳藏"的重要论述是习近平新时代中国特色社会主义思想的重要组成部分,是新时代做好西藏工作,维护祖国统一,加强民族团结,实现西藏经济社会长足发展和长治久安战略目标的指导思想。

---

① "一个中心",即以经济建设为中心;"两件大事",即稳定与发展;"四个确保",即确保经济社会跨越式发展,确保国家安全和西藏长治久安,确保各族人民物质文化生活水平不断提高,确保生态环境良好;"五个西藏",即团结、民主、富裕、文明、和谐的社会主义新西藏。参见新华社《中共中央国务院召开第五次西藏工作座谈会》,载《光明日报》2010年1月23日第1版。

② 中共西藏自治区委员会、西藏自治区人民政府:《改革开放在西藏的伟大实践和辉煌成就》,载《求是》2008年第17期,第29页。

③ 习近平:《在庆祝西藏和平解放60周年大会上的讲话》,载《光明日报》2011年7月20日第3版。

④ 参见新华社《依法治藏富民兴藏长期建藏 加快西藏全面建成小康社会步伐》,载《人民日报》2015年8月26日第1版。

综合西藏自治区党委和政府及其主要领导同志的阐述，通过深刻领会习近平总书记关于"治边稳藏"的重要论述的精神实质，我们认为，"中国特色、西藏特点"边疆治理理论的基本内涵包括以下五个方面的内容。

一、在坚持国家政治制度和道路的统一性前提下按照西藏地区的特点治理西藏，是"中国特色、西藏特点"边疆治理理论的基本内容

西藏自治区是中华人民共和国的神圣领土，中华人民共和国是中国共产党领导下的社会主义国家，有一套完整、基本的国家制度。这些制度是国家意志、人民意志的反映，西藏作为中国的一部分，也必须贯彻、执行这些制度。

中国特色社会主义的各项制度，广义上包括中国共产党的领导这一最根本、最核心的制度，人民代表大会制度、多党合作和政治协商制度、民族区域自治制度、基层群众自治制度这些基本制度，民主集中制这一党和国家机关的基本组织原则和工作制度，中华人民共和国的宪法和各项法律、法规，以及党和政府的各项政治纪律、组织纪律、工作纪律等。所有这些制度、法律、法规、章程是全党、全国人民意志的反映，具有宪法、法律赋予的地位或在党章中做出了明确的规定，是中国整个社会有序运行的根本保障和各级组织、全体党员与全体公民的基本遵循，适用于全国。西藏自治区各级党委和政府作为中国共产党的地方及基层组织和国家统一行政体系中的地方政府，当然也要贯彻执行这些制度。我们决不能因为西藏具有很大的特殊性而忽视了我国国家基本制度、政令、法律和中国特色社会主义道路的统一性这一前提，在工作实践中，任何忽视这一前提的做法都会导致不可预料的政治后果。

同时，西藏又是一个位于青藏高原主体部分的、以藏族群众占

多数的边疆少数民族自治地区，地处祖国边疆，地理环境特殊。藏族人民普遍信奉藏传佛教和苯教，宗教对整个社会的影响非常大，历史上一直实行政教合一体制和封建农奴制度，经济发展和社会制度都很落后。虽然经过民主改革和改革开放两个历史阶段，尤其是改革开放后几十年的高速发展，"五位一体"的社会主义现代化建设取得了举世瞩目的成就；但是，习惯和传统的力量仍然存在。迄今为止，西藏自治区仍然是我国唯一的省级集中连片特困地区和整体性深度贫困地区，同时还面临维护祖国统一和反对民族分裂的重要任务。因此，对西藏的治理，不能采取和祖国内地完全相同的做法。从全国到西藏自治区各级党委和政府，都必须贯彻落实党的民族宗教政策，尊重和保护西藏的优秀传统文化，制定符合西藏实际、满足西藏需要的政策措施，把普遍性和特殊性、原则性和灵活性结合起来长期建藏，推进西藏经济社会的长足发展和长治久安。总之，坚持中国特色社会主义制度和道路，按照西藏的实际和特点治理西藏、建设西藏，应是"中国特色、西藏特点"边疆治理理论的基本内容。

坚决贯彻、执行民族区域自治制度是上述两方面要求的集中体现。民族区域自治制度是中国共产党把马克思主义理论和中国的历史经验、现实国情创造性相结合的产物，是适应统一的多民族国家的发展需要、维护国家统一与和谐团结的民族关系、保障少数民族地区稳定发展的基本政治制度。民族区域自治制度是辩证唯物主义和历史唯物主义在统一的多民族国家民族政策上的具体运用，是对中国边疆治理优秀传统的继承和发展，是适用于少数民族地区的基本政治制度。民族区域自治制度包括两个方面内容。一方面，民族区域自治地方是统一的中华人民共和国的领土，各少数民族是中华民族大家庭的成员，民族区域自治地方必须接受国家的统一领导，在维护国家统一、民族团结的条件下发展生产，推进社会主义现代化建设事业不断向前发展；另一方面，建立民族区域自治地方的自治机关，以宪法的最高规范形式赋予少数民族区域自治地方在《中华人民共和国民族区域自治法》的框架范围内自主管理本民族区域地方的经济、社会、文化事务的权利，行使自治权。实践证明，执行这一制度，有利于处理好维护国家统一和尊重少数民族权利的关系，有利于"构筑中央与民族自治地方多元一体的完整格局"[1]，"解决了世界上许多国家所面临的民族治理难题，创造了一条超大型国家民族治理的道路，巩固了中华民族共同体，在维护国家统一、领土完整，在加强民族平等团结，促进民族地区发展、增强中华民族凝聚力等方面都起到了重要作用"[2]。

因此，民族区域自治制度是"中国特色、西藏特点"边疆治理理论的集中体现。把民族区域自治制度落实到西藏地区，一方面，要坚决维护国家主权和领土完整，维护国家统一，反对民族分裂，反对任何外部势力插手西藏事务，加强西藏与祖国内地各民族的联系，形成建立在深度的政治、经济、社会、文化一体化基础上的中华民族共同体；另一方面，建立西藏自治区的各级人民代表大会和人民政府等国家机构，各族人民群众积极参与国家和西藏地区的治理，在工作中尊重藏族及其他民族人民群众的宗教信仰、风俗习惯、语言文字、历史传统，全心全意为西藏各族人民群众服务。

二、坚持中国共产党的领导是"中国特色、西藏特点"边疆治理理论的本质特征

党的十八大以来，我国明确了中国特色社会主义最本质的特征是中国共产党的领导，中国特色社会主义制度的最大优势是中国共

---

[1] 宋才发：《民族区域自治制度的实践回眸及未来走势——纪念中国改革开放40周年》，载《学术论坛》2018年第2期，第36页。

[2] 任勇：《中国民族区域自治制度创建与发展：基于中国共产党治理的研究》，载《民族研究》2019年第1期，第23页。

产党的领导，当然也是"中国特色、西藏特点"边疆治理理论的本质特征。"中国特色、西藏特点"，说到底就是坚持马克思主义在意识形态领域的指导地位、坚持中国共产党的领导这一根本制度。中国共产党领导中国人民经过革命斗争，建立了中华人民共和国的国家政权和各项国家制度，经过改革开放的实践探索出了经实践检验为正确的基本路线，形成了中国特色社会主义基本理论和中国特色社会主义发展道路，依靠强大的组织力量把全国人民凝聚和团结起来，带领人民共同奋斗，为中国这样一个超大规模社会的建设、改革、发展、稳定、统一提供了坚强保证。中国共产党成立90多年，尤其是中华人民共和国成立70年来的历史充分证明，中国共产党的领导是维护和发展全国各族人民利益的根本保证。

在加快西藏发展、做好西藏工作、维护国家统一和边疆稳定方面，坚持中国共产党的领导尤其具有重要的意义。

民族是"人们在一定的历史发展阶段形成的有共同语言、共同地域、共同经济生活以及表现于共同的民族文化特点上的共同心理素质的稳定的共同体"①。各个民族基于其所处的地理环境、历史起源、生产生活方式和特殊的历史道路，形成了自己特有的价值观、世界观、宗教信仰、思维方式、文化传统和风俗习惯。民族之间的差异是持久的。然而，世界上大多数民族又和其他民族共同构成一个国家、同处于一个多民族国家之中，纯粹的单一民族国家是很少的。随着全球化的发展，时至今日，严格意义上的单一民族国家是不存在的。在价值观、世界观、宗教信仰、思维方式、文化传统、风俗习惯有所不同的民族之间维持同一个国家政权，作为一个政治共同体展开集体行动，这对国家的治理体系和治理能力形成重大考验。传统中国依靠发达的中原农业文明对周边地区形成的吸引力和

---

① 中共中央马克思恩格斯列宁斯大林著作编译局：《斯大林选集》上卷，人民出版社1979年版，第64页。

封建王朝政府一系列灵活、有效的边疆治理措施维持了相对稳定的民族关系，促进了各个民族的发展，形成了中华民族这个大家庭。在新时代，维护国家统一、加强民族团结、建设美丽西藏，必须依靠中国共产党的领导。

中国共产党继承中华政治文明优秀传统，吸收世界优秀文明成果，建立了既有原则性和稳定性又有灵活性和适应性的国家体制，能够很好地协调发展与稳定、民主与集中、中央和地方、汉族和各少数民族、局部利益和全局利益等之间的矛盾，在发展中保持稳定，在稳定中实现发展。通过发展社会主义市场经济，落实民族区域自治制度，执行党的统一战线政策，开展各民族友好交往，发展民族地区文化、教育、医疗、卫生等各项事业，加强民族地区基础设施建设，培养民族干部，正确执行党的宗教政策等措施，使党的民族政策得到落实，真正使各民族共享改革发展的成果，体会到中华民族的复兴带来的自豪感和荣誉感。

西藏是我国统一疆域不可分割的重要组成部分。在中华民族历史上，在近代反对外来侵略、实现民族独立的伟大斗争中，藏族人民心向祖国、反对帝国主义和其他外部势力的渗透，维护了国家的统一和中华民族的整体利益。中华人民共和国成立后，中国共产党客观分析全国和西藏实际，形成了"和平解放、暂维原状"① 的政策，顺利实现了西藏的和平解放；镇压达赖集团的叛乱，维护了国家统一和西藏人民的根本利益；创造性地在西藏实行民主改革，废除封建农奴制度，使广大藏族同胞翻身解放，获得藏族人民的衷心拥护；成立西藏自治区，建立各级国家政权机关，为管理西藏各项事务提供了根本保证；修建青藏、川藏公路，密切了西藏各族人民群众与祖国内地的联系。改革开放以来至2018年年底，中央先后召开了六次西藏工作座谈会，根据全国的发展形势和西藏经济社会发

---

① 王小彬：《中国共产党西藏政策研究》，人民出版社2013年版，第13—28页。

展的阶段性特征,对西藏的改革、发展、稳定做出科学部署,使西藏和全国一样步入发展快车道。经济往来、交通通信条件的改善,以及伴随而来的旅游、学习、就业、文化交流,更加促进了汉族、藏族及其他民族之间的联系,真正形成了民族团结、和谐发展的局面。实践反复证明,"中国共产党始终是西藏广大人民群众根本利益的忠实代表。没有共产党,就没有新西藏","西藏只有在中国共产党的领导下,在祖国的大家庭里,走社会主义道路才有光明的前途"。①

三、加快西藏经济社会发展,密切西藏与祖国内地的联系,是"中国特色、西藏特点"边疆治理理论的关键所指

众所周知,青藏高原是"世界屋脊",平均海拔在4000米以上,藏北牧区等大片地区最暖月平均温度不足10℃,发展工业、农业、交通、通信等各项事业的条件非常不利,投资成本高昂而使用效益非常低下,加之西藏经济社会发展的历史积淀薄弱,因此,西藏自治区的社会发展水平与祖国内地相比一直处于相对落后的状态。要实现民族复兴的中国梦,建设56个民族和谐共荣的家园,确保西藏和全国一起如期建成小康社会、加快西藏经济社会发展是最为迫切的任务。正如习近平总书记所指出的:西藏已经进入全面建成小康社会的决定性阶段,要牢牢把握改善民生、凝聚人心这个出发点和落脚点,大力推动西藏经济社会发展,扎实解决导致贫困发生的关键问题,尽快改善特困人群的生活状况。② 只有加快西藏经济社会发展,让西藏人民过上富裕安康的幸福生活,在经济上把西藏和祖国

---

① 王小彬:《中国共产党西藏政策研究》,人民出版社2013年版,第37、41页。
② 参见新华社《依法治藏富民兴藏长期建藏 加快西藏全面建成小康社会步伐》,载《人民日报》2015年8月26日第1版。

内地紧密联结在一起，才能从根本上保障西藏各族群众的利益，维护国家统一，使民族分裂分子和域外敌对分子没有可乘之机，并且用事实对那些指责中国的国内外势力给予最有力的回击。

加快西藏经济社会发展、密切西藏与祖国内地的联系，需要发挥中国特色社会主义制度的强大优势，严格执行中央的优惠政策和各省市及央企的对口支援，增强西藏经济发展的内生动力，加快铁路、公路、航空、通信、水利、能源等基础设施建设步伐，因地制宜地发展旅游、畜牧、特色农产品加工等产业，实现西藏经济持续健康发展；加大发展教育、医疗、科技等社会事业和环境保护力度，在经济发展的同时实现西藏社会的全面进步，提高西藏各族群众的幸福感、获得感、安全感。通过经济交流、人员往来、资源流动、社会进步，进一步密切各民族之间的联系，增强西藏各族群众对伟大祖国、中华民族、中华文化、中国共产党和中国特色社会主义道路的认同感。如此，才能顺利实现西藏经济社会长足发展和长治久安的战略目标。正如有学者所指出的那样，对口支援西藏作为国家战略，不只是为促进西藏的发展增加一个资金来源渠道，而是"要使国家政治体系的各个层面、各个地方超脱狭隘利益的局限，都主动树立起稳固多民族统一国家的责任意识，自觉加强与边疆少数民族地区之间经济文化的沟通交流，在双向、多层面的良性互动中增强中华民族的凝聚力、向心力，加快推进全国政治、经济、文化一体化的进程"①。

---

① 孙勇：《维护西藏地区社会稳定对策研究》，西藏人民出版社2015年版，第336页。

四、坚决打击民族分裂势力，反对外部干涉，维护祖国统一，加强民族团结，是"中国特色、西藏特点"边疆治理理论得以落实的重要保证

西藏地处边疆和高海拔地区，其情况不仅与祖国内地各省份有很大的不同，与内蒙古、新疆等边疆民族地区也不完全相同，具有自身较为明显的特性。西藏有4000多千米的边境线，毗邻与我国有领土纠纷的南亚大国——印度。西藏自然环境独特，文化相对单一，宗教文化氛围浓厚，以藏族为主体的少数民族有聚居性较强的特点。长期以来，以达赖集团为首的分裂势力和国际反华势力一直炒作"人权""民族""宗教""环保"等问题，挑拨西藏的民族和宗教关系，通过各种手段妄图把西藏和祖国分离开来，以实现遏华、反华的罪恶目的和他们自己的所谓利益。他们无视西藏自古以来就是我国不可分割的一部分之历史事实，无视自古以来西藏人民心向祖国、反击侵略的实际，无视中华人民共和国成立以来废除封建农奴制度给西藏带来的巨大变化，无视改革开放以来西藏经济社会发展取得的举世瞩目的成就，无视中央制定的大量的特殊扶持政策和全国各省市及央企对西藏的无私援助，反而利用藏族群众的宗教信仰和部分人员的不满情绪，采取歪曲历史、编造谣言、刺探情报、策反干部、从事反华宣传、自焚、制造骚乱等手段，展开各种分裂破坏活动，极大地危害了西藏的和谐稳定和人民群众的根本利益。20世纪80年代以来，除了零星的、小规模的渗透、破坏活动，仅他们制造的规模较大的暴乱就包括1987年9月、1988年3月、1989年3月发生的三次骚乱和2008年3月发生的打、砸、抢、烧严重暴力事件。每次骚乱都会有暴徒对无辜群众、武警战士和政府工作人员以及沿街商铺进行的打、砸、抢、烧行为，造成严重的生命损害和财产损失。除了在国内制造事端，他们还在国际上大搞"藏独"活动，成立非法的"流亡政府",四处窜访,力图使所谓的西藏问题国际化。他们引诱青少年出境,在国外举行各种集会,破坏中国举办的重要活动,煽动群众对政府的不满情绪。历史和现实充分说明,十四世达赖是图谋"西藏独立"的分裂主义集团的总头目,是国际反华势力的忠实工具,是在西藏制造社会动乱的总根源,是阻碍藏传佛教建立正常秩序的最大障碍,是披着宗教外衣祸藏乱教的政客。

在中央的集中统一领导下,我们针对"藏独"势力开展了针锋相对的斗争,采取了平息骚乱、对寺庙进行整顿、出台援藏方针、派出代表团向世界说明西藏的人权保护状况、促进西藏经济社会持续健康发展等一系列措施,使"藏独"势力的图谋一再遭到挫败。"藏独"势力的追随者不断减少,其真实面目不断被人们认识,在国内越来越难以制造事端。我们用事实表明了谁才是真正关心和支持西藏、对西藏负责的人,谁才是真正希望西藏、藏族同胞好的人。但是,"藏独"势力从他们自私、狭隘的利益出发,是不会轻易放弃他们的目标的。因此,与民族分裂分子的斗争是长期的。我们必须保持警惕,提高斗争艺术水平,加强依法治藏的顶层制度设计,采取政治打击、统一战线、宣传教育、发展经济、依法治理等多种对策,综合发力,牢牢掌握反分裂斗争的主动权,消除各种危害国家统一和安全的行为,为西藏发展提供稳定的环境和保障。

五、发挥国家治理体系的作用,运用中国的治理方法化解西藏发展过程中面临的各种问题,是"中国特色、西藏特点"边疆治理理论的具体体现

中国是具有悠久的历史传统、丰富的治国经验、独特的治理体系和方法、沉着应对各种复杂问题的能力、顽强和坚韧的生命力的大国。中华民族能够经历各种风浪挑战,始终保持广阔的疆域、国家的统一,创造出辉煌的成就,今天又呈现出全面复兴的强劲势头,充分说明了我们国家和民族的智慧、意志和能力。考虑到西藏地区的重要性和西藏经济社会发展过程中所面临问题的特殊性与复杂性，要推动西藏发展、维护国家安全和边疆稳固，必须发挥中国特色社会主义制度和国家治理体系的鲜明特点和显著优势，适应中国社会的要求，掌握我们特有的工作方式，提升工作能力和水平，创造解决民族问题、维护多民族国家统一的中国方案。

中国的国家治理强调维护中央的权威，注重从战略高度、全局角度看待具体问题的趋势、方向，善于区分主要矛盾和次要矛盾，调动全社会资源、集中力量解决紧迫的重大问题；同时又善于统筹兼顾、综合考虑各方面的情况，比较顺利地在不同目标之间进行转换。它注重工作的艺术和方法，一贯强调要善于做好人的思想工作，坚信无论多么困难的问题都可以找到解决的办法和不同观点的共识之处，反对无休止地争论。它主张向前看、看大势、看主流，主张和而不同、容纳差异。它的体制、制度既有原则性、稳定性，又有包容性、灵活性，能够经受各种风浪的考验，适应环境的改变。总之，中华民族有一套特有的国家治理方法和智慧。

做好西藏工作必须按照中国特色的国家治理体系和治理方式的要求，充分发挥我们的长处，运用我国的办法解决我国的民族问题。要维护中央权威，坚决贯彻、执行中央关于做好西藏工作的各项方针政策，处理好发展、改革、稳定的关系，做好统一战线工作和思想教育工作。要统筹考虑西藏在国家全局工作中的地位；统筹考虑西藏的经济发展和社会稳定；统筹考虑尊重宗教信仰与传播科学知识，以及提高西藏各族人民群众科学素质、公民素养的关系；统筹考虑改善群众生活，增强他们对国家的认同感；统筹考虑西藏对外开放和维护边境安全。把原则的坚定性和方法的灵活性结合起来，短期目标和长远目标结合起来，政治手段、法律手段、经济手段、教育手段、技术手段结合起来，用中国的智慧、中国的办法、中国的风格实现民族团结。

总之,"中国特色、西藏特点"边疆治理理论点明了治理西藏、建设西藏的基本方略和遵循的道路,指示我们要坚持中国特色社会主义制度,依靠中国的国家治理体系,发挥我们的制度优势,把握好西藏的特殊性,创造性地开展工作,建设平等、团结、和谐的民族关系,推进中国统一多民族国家的繁荣和发展。我们要坚定中国特色社会主义的道路自信、理论自信、制度自信、文化自信,增强政治意识、大局意识、核心意识、看齐意识,统筹推进西藏"五位一体"总体布局,协调推进"四个全面"战略布局,在中央的坚强领导下,把西藏的各项工作做好。

第三节　中国共产党治藏方略:历史、成就与启示

中华人民共和国成立后,中国共产党从马克思主义基本理论、观点和西藏的实际出发,在坚决维护国家统一的前提下,针对不同时期的矛盾和问题,分别采取了一系列重大举措,对西藏的制度变革、经济发展、社会稳定、民族团结等各项工作做出科学的部署和安排,有效地维护了国家利益和西藏人民的利益,推动西藏地区发生了天翻地覆的变化。较为系统地研究党的治藏方略之历史、成就与启示,对更加有效地做好新时代西藏工作具有重要的意义。

一、中国共产党治藏方略的历史回顾

中华人民共和国成立后,党经略西藏的历史过程,可以分为上、中、下三篇,分别是进行民主革命篇、走上社会主义道路篇、开启西藏经济社会长足发展和长治久安新时代篇,主要完成了和平解放西藏、进行民主改革、建立社会主义制度、推进改革开放、贯彻落实党的民族政策和宗教政策这五件大事。主要的具体工作如下。

首先,和平解放西藏,维护了祖国的统一。1949年夏,当解放军还在全国各个战场作战以解放全国的时候,党中央和毛主席就已经着手部署西藏的解放问题。1949年8月,毛主席电令第一野战军(简称"一野")司令员彭德怀在解放西北的兰州战役与即将进行的青海战役中,注意保护班禅及甘肃、青海境内的藏族人民,为解放西藏做准备。在第二野战军(简称"二野")解放大西南后,中央决定以二野配合一野准备进军西藏,同时指出:"我军进军西藏的计划是坚定不移的。但可采用一切方法与达赖集团进行谈判,使达赖留在西藏并与我和解。"① 西南军政委员会在传达中央指示时,邓小平同志特别强调指出:解放西藏有军事问题,"但军事与政治比较,政治是主要的"②。也就是说,中央从一开始就确定了尽可能"和平解放西藏"的方针。

面对全国局势的发展,旧西藏上层统治集团内部存在不同意见。以十世班禅、阿沛·阿旺晋美等为代表的一大批进步人士呼吁与中央展开谈判;达赖等人则持犹疑或反对态度,并在国民党特务和英、美、印等国的势力的煽动和支持下离开拉萨,驻扎亚东,做两手准备。昌都战役结束后,迫于形势,达赖于1951年2月派出以阿沛·阿旺晋美为首席代表的五人代表团到北京与中央展开谈判,1951年5月23日达成《中央人民政府和西藏地方政府关于和平解放西藏办法的协议》(简称《十七条协议》)。《十七条协议》的主要内容包括:西藏人民团结起来,驱逐英美帝国主义侵略势力出西藏,回到中华人民共和国大家庭;在中央人民政府的统一领导下,西藏人民有实行民族区域自治的权利;实行宗教信仰自由;"有关西藏的各项改革事宜,中央不加强迫。西藏地方政府应自动进行改革,人民提出改

---

① 西藏自治区党史资料征集委员会、西藏军区党史资料征集领导小组:《和平解放西藏》,西藏人民出版社1995年版,第68页。
② 中共西藏自治区党史资料征集委员会:《中共西藏党史大事记(1949—1966)》,西藏人民出版社1990年版,第3页。

革要求时,得采取与西藏领导人员协商的方法解决之"[1]。有学者将其总结为"和平解放、暂维原状"[2]。西藏的和平解放,对西藏的历史发展产生了重要影响,也是中国共产党经略西藏的开始。

其次,镇压叛乱、实行民主改革。西藏和平解放后,旧西藏上层一些旧势力担心自己原有的利益和地位受到损害,不时制造事端,对中央根据协议派驻西藏的工作人员和解放军战士进行示威等活动。同时,他们千方百计维护自己的特权和落后、封闭的封建农奴制度。为了执行和平协议,党中央在对西藏自治区筹备委员会发布的指示中多次强调指出,必须坚持慎重稳进的指导思想,在不征得西藏上层同意、不做好群众工作的前提下,不改变西藏旧的制度,要等待西藏上层的觉悟和下层民众的阶级觉醒。直到1957年,毛主席还在《关于正确处理人民内部矛盾的问题》一文中指出:"西藏由于条件还不成熟,还没有进行民主改革。按照中央和西藏地方政府的《十七条协议》,社会制度的改革必须实行,但是何时实行,要待西藏大多数人民群众和领袖人物认为可行的时候,才能作出决定,不能性急。"[3]

但是,以十四世达赖为首的一些旧势力将中央的慎重视为软弱。他们在英国、美国反华势力的支持下,裹挟一部分群众,成立叛乱组织和反动武装,提出"西藏独立"的反动口号,于1959年3月10日在拉萨等多地发动叛乱。根据中央决定,驻藏解放军对叛乱进行了坚决镇压,达赖等人逃亡印度。叛乱发生后,中央决定边镇压叛乱边开始民主改革。改革的内容包括:没收参与叛乱的农奴主的土地,实行由原耕种农奴"谁种谁收"政策,并由政府帮助解决种子、农具等问题;废除一切旧的剥削制度和农奴的人身依附,废除各种

---

[1] 国务院法制办公室:《中华人民共和国法规汇编:1949—1952》第1卷,中国法制出版社2014年第2版,第305页。
[2] 王小彬:《中国共产党西藏政策研究》,人民出版社2013年版,第13—28页。
[3] 中共中央文献研究室:《毛泽东文集》第七卷,人民出版社1999年版,第227页。

强加在农奴身上的旧差役，实行减租减息；对未参加叛乱的农奴主的生产资料实行赎买政策；解决寺庙的特权和剥削问题；对牧区实行区别对待，暂不改变牧区的生产资料所有制关系；不照搬祖国内地的政策到西藏；等等。同时，逐步开展建立西藏自治区的各项工作，发展党组织和党员，建立行政公署和市县、区乡等政府机构。这些民主改革措施具有很强的灵活性、针对性和创造性，善于区分不同情况，集中解决主要矛盾；同时，针对工作中出现的问题及时加以纠正，保证了民主改革的稳步推进。

西藏的民主改革，"标志着世界上最后一个最大的封建农奴制堡垒被攻破，是中国共产党和中国人民为世界民主、自由、人权事业作出的伟大贡献，在西藏发展史上、中国近现代史上、人类社会发展史上都具有划时代的意义，成为人类文明史上值得永远纪念的光辉一页"[①]。1959年的民主改革，实现了西藏社会制度和社会文明进程的两大历史性跨越，彻底改变了历史上西藏边境地区长期有边无防的状况，铲除了帝国主义插手我国西藏事务的土壤及由此滋生的卖国主义势力的温床，为西藏自治区的成立奠定了基础。[②]

再次，稳定发展。从1961年民主改革任务基本完成到1965年西藏自治区成立，是中国共产党经略西藏的稳定发展时期。民主改革任务完成后，中央认为，今后西藏工作必须采取稳定发展的方针。"从今年算起，五年以内不搞社会主义改造，不搞合作社（连试点也不搞），更不搞人民公社，集中力量把民主革命搞彻底，让劳动人民的个体所有制稳定下来，让农（牧）民经济得到发展，让翻了身的

[①] 吴英杰、齐扎拉：《伟大的变革　不朽的丰碑——纪念西藏民主改革60周年》，载《人民日报》2019年3月27日第12版。

[②] 参见朱晓明、张云、周源等《西藏通史·当代卷》上，中国藏学出版社2016年版，第238—240页。

农奴群众确实尝到民主改革给他们带来的好处。"①

这一时期，中央对西藏实行了"三让"（让劳动人民个体所有制稳定下来，让农牧民个体经济得到发展，让翻身农奴群众确实尝到民主改革给他们带来的好处）政策。② 由于指导思想正确，政策落实到位，这一时期发生在全国其他地方过急的社会主义改造、"大跃进"、反右等运动在西藏基本没有开展或开展的力度较小，造成的震动也不大。因此，西藏的经济社会发展相对平稳，而且在全国经济十分困难的情况下，中央还给予了西藏特殊的支持，如财政补贴，发放贷款，调拨粮食、钢材、茶叶等物资，进行了一些大的项目建设，使西藏各级各类学校、文艺团体、医院等不断增加，教育事业、文化事业、医疗事业均取得很大的进步。由于中央考虑到了西藏的特殊性，对西藏的方针政策做到了从实际出发，这一时期西藏的经济社会发展较快。③

复次，社会主义改造的过程中，正值"文化大革命"爆发。西藏自治区成立后，西藏开始了社会主义改造与"文革"基本同时进行的特殊历史进程。1966年年底，全区共试办了150多个人民公社。1966年下半年，"文革"开始，西藏农牧区的社会主义改造大规模开展，到1975年基本实现了人民公社化。1975年，中共西藏自治区党委决定对全区的城镇私营商业、手工业进行社会主义改造，到1976年年底，这项任务基本完成。④ 需要特别强调指出的是，虽然西藏的社会主义改造与"文革"基本同步进行，但是，这是两种性质截然不同的事情，前者具有重大的历史意义。事实证明，经过社会主

---

① 西藏自治区党史资料征集委员会：《西藏的民主改革》，西藏人民出版社1995年版，第239页。
② 参见西藏自治区党史办公室《周恩来与西藏》，中国藏学出版社1998年版，第93—94页。
③ 参见丹增《当代西藏简史》，当代中国出版社1996年版，第246—257页。
④ 参见丹增、张向明《当代中国的西藏》上，当代中国出版社1991年版，第386页。

改造，以生产资料公有制为基础的社会主义制度在西藏最终确立起来，以百万农奴为核心的人民群众作为劳动者的主体地位确立起来，这为西藏社会主义事业的发展打下了牢固的阶级基础。

最后，推进改革开放，西藏经济社会发展实现了自1995年以来连续20多年的高速发展。以党的十一届三中全会的召开为标志，中国开始了改革开放的新时期，党对西藏的治理也形成了与以往不同的政策。最大的不同就是把经济建设作为中心，以解放和发展生产力为标准，改革束缚生产力发展的上层建筑和生产关系，改善西藏各族群众的生活。

需要着重说明的是，在这一阶段，党中央根据不同时期西藏工作面临的问题，先后召开了六次西藏工作座谈会，专门研究西藏工作，明确西藏工作在全党全国工作大局中的重要地位，对不同时期的西藏工作做出战略部署，体现了中央对西藏的高度重视。1980年3月，中央第一次西藏工作座谈会召开，着重解决西藏在"文革"时期"左"的错误，决定开展拨乱反正、平反冤假错案等工作；同时，要求西藏自治区各级党委和政府转变思想观念，下放权力，通过休养生息恢复工农业生产。1984年2月召开了中央第二次西藏工作座谈会，针对部分同志思想上的困惑，研究如何进一步把思想统一到发展经济、开放搞活、尽快提高群众生活水平上来。1994年7月召开的第三次西藏工作座谈会总结了前一段时期西藏工作中取得的成绩和存在的问题，针对达赖集团连续在西藏制造骚乱的危害，提出要坚决"维护人民利益、维护法制尊严"[①]，大力开展反分裂斗争；同时，确定了中央国家机关和全国15个援藏省市及部分央企"分片负责，对口支援，定期轮换"[②]的方针，掀起了全国支援西藏的热

---

① 汪德军：《改革开放以来的中央历次西藏工作座谈会主要特点和重大影响》，载《西藏日报》2018年12月10日第6版。

② 汪德军：《改革开放以来的中央历次西藏工作座谈会主要特点和重大影响》，载《西藏日报》2018年12月10日第6版。

潮。2001年6月召开了第四次西藏工作座谈会，会议要求抓住国家实施西部大开发战略和西藏社会局势基本稳定的良好机遇，集中力量解决事关西藏发展稳定的重大问题。2010年1月中央第五次西藏工作座谈会召开，会议将西藏的战略地位定性为"两屏四地"①，提出了西藏社会的主要矛盾和特殊矛盾的论断，提出要正确处理经济发展、社会稳定、民生改善、生态保护的关系，把中央关心、全国支援同西藏各族干部群众艰苦奋斗紧密结合起来，推进西藏实现跨越式发展。2015年8月，中央召开第六次西藏工作座谈会，会议根据西藏发展的特点，提出新时代做好西藏工作的指导思想，工作原则，工作的着眼点和着力点、出发点和落脚点，"四个确保"战略目标要求等重大现实问题。中央先后召开的六次西藏工作座谈会，是改革开放新时期党中央治理西藏的方针、战略的集中体现，为不同时段的西藏工作确定了指导思想、重要任务和基本思路，对推动西藏发展、维护西藏稳定具有重要意义。

二、中国共产党治藏方略取得的成就

在党中央的正确领导下，在西藏各族群众的艰苦奋斗和全国其他省市及央企的大力支持下，西藏经济社会发展取得明显成效，广大人民群众的生产生活发生翻天覆地的变化，昔日贫穷、落后、封闭的旧西藏，日益为富裕、开放、和谐、美丽的新西藏所代替。今天的西藏，经济发展、社会稳定、民生改善、生态向好，呈现出前所未有的良好局面。

首先，经济发展取得显著成绩。截至2018年年底，西藏地区生

---

① "两屏四地"：西藏是我国重要的国家安全屏障、重要的生态安全屏障，重要的战略资源储备基地、重要的高原特色农产品基地、重要的中华民族特色文化保护地、重要的世界旅游目的地。参见新华社《中共中央 国务院召开第五次西藏工作座谈会》，载《光明日报》2010年1月23日第1版。

产总值持续快速增长，有1400多亿元，按照可比价格计算，比1965年西藏自治区成立时增长了70多倍。西藏自治区基本建立了以公路、铁路、航空、管道为主的立体交通体系，能源、水利、通信等现代化基础设施体系初步形成，尤其是以光缆、卫星、网络为主的现代通信网络体系已逐步建立健全，雪域高原已进入了卫星、光缆、网络、信息新时代。全区人均可支配收入超过1万元，第二、第三产业从业人员比重超过62%，实现了免费的15年义务教育和全区农牧民免费医疗，人均寿命超过68岁，冰箱、电视机、摩托车、手机、汽车进入寻常百姓家。①

其次，有效地维护了西藏的社会稳定和国家统一。党中央和西藏自治区党委、政府坚持一手抓改革开放和经济发展，一手抓反分裂斗争，将政治斗争和经济发展、思想教育、改善民生相结合，集中打击和日常防范相结合，有效地揭露了达赖集团的真实面目，打击了一度猖獗的骚乱和渗透活动，保障了社会长期的稳定，各族群众对中国共产党、中国特色社会主义的认同感大为增强。

再次，藏族优秀文化传统得到很好的保护和发扬。党中央、国务院和自治区高度重视西藏优秀文化传统的保护工作，通过制定相关法律、增加财政拨款、实施非物质文化遗产保护工程等途径，使藏传佛教、藏语与藏学、藏医与藏药、藏戏、藏族建筑等文化传统在新时期焕发出新的生命力，也成为西藏吸引八方游客的亮丽名片。

复次，社会制度发生深刻改变。旧西藏落后的封建农奴制度、政教合一制度被废除，中国特色社会主义制度在西藏完全确立。西藏各族、各界群众民主选举自己的代表，这些代表参与国家和西藏自治区各级政府的管理工作，其各项权利得到很好的保障。国有、民营等各类所有制企业公平竞争。集体所有、家庭承包经营的土地

---

① 参见齐扎拉《政府工作报告——二〇一九年一月十日在西藏自治区第十一届人民代表大会第二次会议上》，载《西藏日报》2019年1月24日第1版。

制度极大地调动了全区广大农牧民的积极性。建立起了适应西藏实际、运行高效、功能完善的行政管理体制。

最后，教育、医疗、文化等社会事业蓬勃发展。经过几十年的发展，西藏已经建成完整的教育体系，并向大力提升教育质量的阶段转变。基础教育、高等教育、职业教育均衡发展，布局合理。基础教育的城乡差距、地区差距不断缩小。大学毛入学率超过30%，高等教育大众化取得明显的进展。群众受教育年限、大学毕业生占比、专业人才数量等指标大幅度提高。医疗卫生方面，从西藏和平解放以前的卫生从业人员（包括拉萨、日喀则仅有的3所官办藏医机构和私人诊所的藏医，以及零星的民间藏医）不足百人，发展到今日覆盖城乡的医疗卫生服务网络（比如，200人以上的各类学校全部设立卫生室），并实行农牧民免费医疗制度，成绩斐然。文化事业方面，农家书屋、寺庙书屋、卫星数字书屋落户农家，广播电视人口综合覆盖率达到98%以上。①

三、中国共产党治藏方略的启示

中国共产党治理西藏的历史，是一部艰苦奋斗、波澜壮阔、成就辉煌的历史。它仅仅用了六七十年时间，就使西藏由几乎是奴隶制的时代转变为百万农奴翻身做主人，并进入高速公路、互联网的时代，真正创造了人类社会发展进步的奇迹。面对这一奇迹，我们不禁要问：中国共产党为什么能做到？

首先，治理民族落后地区必须始终坚持社会发展进步的方向。社会总要向前发展，总要从落后的农业文明、游牧文明向现代工业和后工业文明演进，从封闭、落后走向开放、富裕、文明，这是任

---

① 参见西藏自治区统计局、国家统计局西藏调查总队《2018年西藏自治区国民经济和社会发展统计公报》，载《西藏日报》2019年5月28日第3版。

何力量也阻挡不了的趋势。中国共产党本身就是一度落后的中华民族面对以现代工业文明为基础的帝国主义挑战，奋力实现中国社会变革、发展、进步这一历史运动的产物。所以，中国共产党对西藏的治理，不可能不坚持发展、进步的方向。在西藏实行民主改革，建立中国特色社会主义制度，发展现代化的工农商产业体系、交通体系和教育、科技、文化、卫生事业，无不是促进西藏发展、进步的体现。

当然，发展、进步不是线性的历史过程。它没有到处适用的公式，不能依靠强制命令，不意味着废除一切文化传统，因此，在发展过程中不可避免地存在矛盾和紧张。中国共产党对西藏的治理，很好地处理了这些矛盾和紧张关系。党始终坚持要让西藏走出封闭、落后的状态，实现工业化、现代化，但在不同阶段着力实现不同的战略目标，很好地解决了发展的必然性和阶段性的矛盾；始终坚持从中国和西藏的实际出发，尊重西藏人民的宗教信仰和风俗习惯，很好地解决了发展的普遍性和特殊性的矛盾；始终坚持把国家的援助和激发西藏的内生动力结合起来，很好地处理了发展的内因和外因的矛盾；始终坚持让西藏的各族群众在发展中获益，解决了发展的手段和最终目的的矛盾。因为党始终坚持发展进步的方向，始终做到从实际出发，所以，不仅没有发生很多国家曾经发生过的现代化过程中落后民族成为"活化石"这样的灾难，还快速实现了西藏经济社会的深刻变革。

其次，治理好西藏必须坚持走中国特色社会主义道路。一个国家的社会发展道路，一定是本国各种社会力量综合作用的结果，是理想和现实、先进阶级和人民大众、内部和外部、主观愿望和客观条件等因素共同决定的产物，所以，它是一种实践性、历史性的必然。中国特色社会主义道路是近现代中国社会各种力量综合作用的结果，同样是实践的必然、历史的必然，也最能维护和发展整个国家的利益和各个民族的利益。数十年来，面对各种压力和挑战，中国共产党没有屈服，更没有放弃，而是在困难中看到希望，将压力变成动力，发扬自强不息的精神，坚定信念、纵横捭阖、科学决策，终于渡过急浪险滩，探索出中国特色社会主义道路，在实现自身革新的同时也使整个国家展现出复兴的前景。在治理西藏的过程中，必须坚持中国特色社会主义道路，始终坚持党的领导、维护党中央的权威；坚持改革开放的基本路线，破除一切同生产力发展不相适应的生产关系和上层建筑；坚持多种所有制共同发展；坚决维护民族团结；坚持党的统一战线政策和群众路线。尽管前进道路上还会面临各种风浪和考验，但无论怎样，只要坚持中国特色社会主义道路，我们就有了必胜的信心。

再次，治理好西藏必须坚持民族区域自治制度。民族区域自治制度是以马克思主义民族理论为基础，吸收了中国历史上处理民族问题的经验，具有中国特色的多民族国家不同民族平等团结、共存共荣的制度。中国共产党始终坚持执行这一制度治理西藏，一方面，坚持国家的集中统一领导，保证中央决策在西藏得到执行；另一方面，建立西藏自治区的各级人民代表大会和政府机关，确保各族群众行使自治权，自主管理本地区事务。中国共产党坚持民族平等和民族团结政策，注意各民族、各地区的不同情况，给予西藏特殊支持，或是将全国实行的部分政策在西藏地区实行时，做一定的变通。民族区域自治政策使我们没有像西方国家那样存在难以消除的种族歧视，而是通过各民族间的友好交往、平等交流，以及共同参与国家及本地区的治理，实现了多民族国家的和谐、统一。

最后，治理好西藏必须将实行中央特殊扶持政策、全国支援与激发内生动力相结合。长期以来，考虑到西藏基础落后、人才严重不足、各项事业的发展条件低下等诸多困难，中央从财政税收、教育医疗、基础设施建设等方面对西藏一直实行优惠政策，并发动全国各省市及央企对口支援西藏。在基础设施建设方面，西藏地广人稀，工程费用高昂，效益较低，但是，只要是有利于西藏人民的福祉和西藏的长远发展，我们就不惜代价，坚持建设。教育方面，国家不仅支持西藏举办基础教育、职业教育和高等教育，还在祖国内地高校招收藏族学生、举办藏族干部培训，开办西藏中学，着力为西藏培养各方面的人才。医疗卫生方面，定期组织祖国内地省份专家队伍到西藏开展医疗服务，帮助当地医院提高医疗水平。所有这些措施，体现了中央和全国给予西藏的支持，体现了中华民族一家亲、民族团结进步的鲜明事实，这和许多国家对落后民族地区的做法形成了鲜明对照。同时，我们着力激发西藏的内生动力，建设西藏本地的工业体系，发展西藏本地的工业、企业、科技和教育，培育当地的特色产品和知名品牌，促进形成西藏的核心竞争力。可以说，西藏的成功是全国人民大力支持和西藏各族群众努力奋斗的结果。

总之，中国共产党治理西藏的成功实践启示人们：世界上除了西方及其他国家和地区解决民族问题的道路、办法，还有一种实现各民族友好交往、团结互助、和谐共存的道路和办法，这就是走"中国特色、西藏特点"的发展路子。这种道路不是对其他民族实行歧视、排斥和限制，不是民族同化，也不是不顾各民族的差异而简单地推行形式平等的、齐一的"法治"；而是在维护国家统一的前提下，由国家统一领导，发展各民族的友好互助，尊重各民族的文化传统和风俗习惯，平等对待各个民族，实现多民族的共同发展。这就是我们对人类社会如何处理民族问题贡献出的中国方案。

第四节　理论与方略的关系述论

从语义学的角度讲，所谓理论，是指人们关于事物知识的理解和论述，是一个组织起来的概念体系，用于解释一种或一系列现象；方略，是指方针和策略、方法与谋略。本书认为，"中国特色、西藏特点"边疆治理理论侧重于从理论上阐释西藏的特性、西藏必须置于国家统一制度框架内实现发展的原因、西藏实现发展的领导力量和依靠力量、西藏实现发展的重点和保证等问题。而党的治藏方略，重点是实践，明确新时代做好西藏工作的指导思想、战略部署、目标要求和重大举措等。

一、"中国特色、西藏特点"边疆治理理论解决了做好西藏工作的五个方面的理论问题

"中国特色、西藏特点"边疆治理理论主要明确了做好西藏工作必须坚持的政治原则、最高目标、一般性与特殊性的关系等重大问题。概括起来，主要包括五个方面。

首先，明确了西藏作为我国的西南边疆之特性。这一特性即特殊的高原自然环境、特殊的经济社会发展历程、特殊的民族宗教文化、特殊的社会矛盾，以及边疆地区与印度等国存在的严重领土纠纷等问题。这一特性决定了做好西藏工作，必须兼顾一般性与特殊性、现代性与民族性的二重特性，仅注重一个方面而忽视另一个方面，都将会酿成本可以避免的工作失误。

其次，明确了西藏必须置于国家总体制度框架内实现发展的原因，最终的政治目标即维护祖国统一和领土主权完整。西藏是我国一个特殊的边疆少数民族自治区，自古以来就是祖国不可分割的一部分。政治制度必须统一，国家的大政方针政策必须贯彻，这是现代国家最基本的特征。我们在西藏这样一个自然环境极为艰苦、经济社会发展的积累相当薄弱，又面临着达赖分裂主义集团干扰破坏的地区，进行社会主义现代化建设，一旦不能正确处理普遍性与特殊性的关系，政策执行上发生些许的偏差，将会导致严重的政治后果。例如，20世纪80年代，针对拉萨发生的骚乱，1987年12月24日，中央政治局常委会扩大会议专门听取了中央统战部和公安部的

报告，会议得出的结论是"这次骚乱事件，基本上是长期'左'的结果"①。1988年1月24日，西藏自治区党委、政府批复了自治区党委统战部、区民族宗教事务委员会关于《三大寺和大昭寺当前亟待解决的几个问题的处理意见》，要求彻底清退"文革"中各寺散失的贵重文物，赔偿"文革"中寺庙被查抄财物，并优待僧尼。②"由于对西藏实际把握的不甚准确，在认识和实践上出现了一些偏差，工作一度出现坎坷和曲折。"③ 如此认识上的偏差，导致的后果是"在西藏广大干部群众中引发了严重的思想混乱。有些人别有用心地把在西方敌对势力的支持、怂恿下，达赖集团策划、指挥的骚乱事件归咎于党和政府的政策。有人面对复杂的局面无所适从，个别人在事关祖国统一、事关西藏人民命运的问题上丧失立场，对中国共产党的领导、对社会主义前途产生动摇，民族团结的政策遭到严重破坏"④。1989年10月，时任中共中央总书记的江泽民同志主持召开中共中央政治局常委会会议，形成了《中央政治局常委讨论西藏工作会议纪要》（即中央关于西藏工作的十条意见），提出了西藏工作要紧紧抓住稳定与发展两件大事，1990年7月，时任西藏自治区党委书记的胡锦涛同志在中共西藏自治区第四次代表大会上所做的政治报告中，提出了"一个中心、两件大事、三个确保"的工作思路，纠正了全党在认识和政策执行方面的错误，实现了党的西藏工作一个伟大的转折。

再次，明确了西藏实现发展进步的领导力量是中国共产党，依靠力量是占人口绝大多数的广大农奴及其后代，并积极落实党的统

---

① 中共西藏自治区委员会党史研究室：《中国共产党西藏历史大事记：1949—2004》第1卷，中共党史出版社2005年版，第501页。
② 参见朱晓明、张云、周源等《西藏通史·当代卷》上，中国藏学出版社2016年版，第428页。
③ 王小彬：《中国共产党西藏政策研究》，人民出版社2013年版，第314页。
④ 朱晓明、张云、周源等：《西藏通史·当代卷》上，中国藏学出版社2016年版，第429页。

战政策。中国共产党的领导是中国特色社会主义最本质的特征，中国特色社会主义之所以能够在短短几十年的时间里实现资本主义制度下几百年才能实现的发展目标，归根结底在于坚持党的领导，坚持社会主义发展方向，坚持以人民为中心的历史观、政治理念和发展导向。这是党的治藏方略同历史上"因俗而治"政策的本质区别。西藏民主改革60年来的社会主义现代化建设实践也不断证明，在西藏，只有紧紧依靠人民，实现人民群众对美好生活的向往，才能最终实现国家经略西藏的最高政治目标。

复次，明确了推动西藏实现发展的重点是加快经济社会的发展，让西藏各族人民群众同全国人民一道步入小康社会，过上幸福安康的生活，在经济上把西藏同祖国内地紧密联系在一起，筑牢祖国统一和民族团结的经济基础。

最后，明确了达赖集团的分裂破坏活动是西藏发展和稳定的最大干扰，坚决打击达赖集团的民族分裂言行，反对外来干涉，牢牢掌握反分裂斗争的主动权。这是实现西藏稳定、发展和生态文明建设三件大事的重要保证。

二、党的治藏方略明确了新时代做好西藏工作的五个方面的实践重点

党的治藏方略的重点是在实践中凝聚全党全国对西藏工作重要性的认识，团结一切可以团结的力量，根据西藏经济社会发展的阶段性特征，明确做好西藏工作的指导思想、工作目标、工作重点和重大决策部署。

首先，明确了新时代西藏工作面临的形势和任务。中央第六次西藏工作座谈会明确指出，西藏是特殊的边疆民族地区，是重要的

国家安全屏障,"西藏工作关系党和国家工作大局"①。中央第五次西藏工作座谈会以来,尤其是党的十八大以来,西藏工作取得了举世瞩目的成就,已经站在了新的历史起点上,但也面临着内外多方面的挑战。从国际环境上看,西方敌对势力从西化、分化我国的战略出发,不断利用所谓的西藏问题向我国施压,涉藏的国际斗争是长期的、复杂的。从西藏区情上看,西藏的经济社会发展相对滞后的局面还没有完全改变,达赖集团利用"民族""宗教""生态"等话题图谋祸教乱藏、分裂祖国的行径没有改变,西藏发展经济和维护稳定工作面临的挑战仍然是长期的、复杂的。

其次,明确了新时代做好西藏工作的指导思想。即高举中国特色社会主义伟大旗帜,以邓小平理论、"三个代表"重要思想、科学发展观、习近平新时代中国特色社会主义思想为统领,贯彻落实习近平总书记"治国必治边、治边先稳藏"重要论述和维护祖国统一、加强民族团结、建设美丽西藏重要指示精神。②

再次,明确了新时代做好西藏工作的战略部署。西藏工作的战略部署即坚持"四个全面"战略布局,坚持党的治藏方略,把维护祖国统一、加强民族团结作为工作的着眼点和着力点,坚定不移开展反分裂斗争,坚定不移促进经济社会发展,坚定不移保障和改善民生,坚定不移促进各民族交往交流交融,铸牢中华民族共同体意识,牢牢把握维护祖国统一、反对民族分裂的主动权。

复次,明确了新时代做好西藏工作的目标要求是确保国家安全和长治久安,确保经济社会持续健康发展,确保各族人民物质文化生活水平不断提高,确保生态环境良好。③

---

① 新华社:《确保西藏长足发展和长治久安》,载《人民日报》2015年8月26日第4版。
② 参见新华社《依法治藏富民兴藏长期建藏 加快西藏全面建成小康社会步伐》,载《人民日报》2015年8月26日第1版。
③ 参见新华社《切实把握西藏发展的出发点和落脚点——三论学习习近平总书记在中央第六次西藏工作座谈会讲话精神》,载《人民日报》2015年8月29日第1版。

最后，明确了新时代做好西藏工作的重大举措。这些重大政策举措涉及产业结构调整与发展、基础设施建设、乡村振兴、特殊优惠扶持政策、精准扶贫、优先发展教育医疗卫生事业、创新社会管理、依法打击各类分裂破坏活动、加强意识形态工作、加强民族团结、加强党的领导等各领域各方面。①

第五节　党的基层组织建设与西藏基层社会的稳定发展

党的基层组织是贯彻执行党的决策部署的最终一环，是身处工作一线、直接对群众开展工作、把党的意志和主张转化为实际效果的战斗队伍。党的所有主张最终都要靠基层组织贯彻落实下去。因此，可以说，党的执政基础在基层，活力源泉也在基层。党的十八大以来，在党中央的部署下，依靠自治区各级党委和广大党员的共同努力，党在实践中探索出一条在地广人稀、交通不便的少数民族聚居区——西藏开展党的基层组织建设的有效办法，使西藏地区党的基层组织建设有了很大的发展。同时，西藏自治区的 21 个边境县又是地处边远、毗邻外国、地理和交通条件恶劣、人员来往控制难度大的特别困难地区；而边境地区的建设和发展又对边防的巩固、国家安全的维护及外交关系的处理有重要影响。从某种意义上说，"治国必治边、治边先稳藏"里的"边"，是指地处边境的各个县、乡、村。党的十八大以来，在各边境地市及其农村基层党组织的领导下，西藏边境地区基层社会的稳定发展取得了可喜的成绩。

首先，克服困难实现党的基层组织全覆盖。西藏地域辽阔、山

---

① 参见新华社《牢牢把握西藏工作重要原则——一论学习习近平总书记在中央第六次西藏工作座谈会讲话精神》，载《人民日报》2015 年 8 月 27 日第 1 版。

大沟深、交通不便，开展基层党组织建设有很多困难。但是，自治区各级党委发扬"老西藏精神"，高度重视基层党组织建设，克服困难，做到了无论是多么边远的县、乡镇、村，无论是政府机关还是企事业单位，无论是固定单位还是流动单位，都确保该地区（机关、单位）只要有党员就有党组织的存在。他们针对牧区人口流动性给生产生活带来的困难，特别加强了牧区基层党组织建设的力度。新兴经济组织、社会组织的不断出现，使党的基层组织向新领域、新组织、新群体延伸。为了适应经济社会发展、工作和生产生活方式的变化，他们在外出党员集中务工和经商的地方建立流动党员的党组织。按照上级要求，在驻村工作队，他们全部建立临时党组织；在1787座寺庙，全部成立寺庙管理委员会（简称"寺管会"）党组织。全覆盖的基层党组织消除了党建工作的空白点，为贯彻执行党的意志和政策主张提供了基本保证。

其次，不断创新方式方法，提高基层党组织的战斗力。一是紧跟时代，创新理想信念教育和政治理论学习方法，提高基层党组织的思想建设成效。例如，开发党员教育手机App（应用程序），打造党员教育基地，举办报告会、大讨论等活动，坚定党员听党话、跟党走、服务群众、忠诚履职的理想信念。二是完善各项制度，加强管理，使基层党组织的活动规范化。例如：执行中央关于加强党的基层组织建设的决定，夯实各级领导干部的党建责任，推进谋党建、管党建、抓党建常态化；加强软硬件设施建设，完善基层党组织的设施保障；实行项目化管理，提高党建的针对性，增强党建效果；建立党员信息动态电子数据库，消除管理死角；等等。三是创新方式方法，着力提升基层组织的战斗力。例如，建立党员领导干部党建工作联系点，组织城镇各单位党组织与农村党组织结对帮扶，对基层党组织调整摸底、分类定级、整改提高，使基层党组织的战斗力、凝聚力明显增强。

再次，壮大基层力量，建强党的基层工作队伍。基层工作难度大、待遇低、环境艰苦。要加强边远地区基层党组织建设，必须随着社会发展，培养和选拔更多的优秀基层干部，吸引更多的优秀人才到基层工作，充实一线力量。为此，西藏自治区各级党委采取了多项措施，比如：始终把政治标准放在首位，规范干部选拔任用机制，提高选人用人公信度；实施"强乡带村"工程，坚持优秀干部优先配给基层，着力选优配强乡镇党委书记，带动各村党组织建设；选派地、县机关干部到乡镇街道任职，选拔大学生村官进入乡镇党委、政府班子，选派县乡基层干部到省地直属单位挂职锻炼，多渠道提高基层干部的工作水平；建立内外部人才培育和交流学习机制，加大干部培养力度；提高基层干部待遇，建立村干部基本报酬和业绩考核奖励制度，组织村干部进行定期体检，将村居干部养老保险纳入城镇居民和新型农村社会养老保险；举办健康保健知识宣传活动，实施供氧供暖、给排水和乡镇小工程建设，全面改善干部人才工作生活环境，优化引才政策，提升引才待遇，大力引进优秀人才；等等。

最后，贯彻中央全面从严治党的各项决定，反对各种形式主义、官僚主义作风，务求基层党建取得实效。党的十八大以来，以习近平同志为核心的党中央以高度的担当意识、责任意识做出全面从严治党重大决策，要求全党各级组织和党员领导干部坚决反对形式主义、官僚主义、享乐主义和奢靡之风，加大反腐败力度，构建不敢腐、不能腐、不想腐的权力运行监督制约体系，切实把权力关进制度的笼子。为了将中央决策贯彻到基层，西藏自治区各级党委加强从严治党各项举措，力戒形式主义、官僚主义现象，务求基层党建工作取得实效。例如：完善各级党政部门的工作制度，堵塞漏洞，从严惩处违反中央八项规定的各级党员领导干部；严格执行党的纪律，对作风漂浮、搞"数字出官"和"官出数字"的单位及其党员领导干部追究责任；夯实各级领导干部的责任，按照"一岗双责"的要求，对辖区发生消极腐败现象的领导干部追究责任，做到守土有责、守土尽责；严肃查处发生在群众身边的消极腐败现象，既"打虎"又"拍蝇"，以切实的成效取信于民。一系列措施的执行，改善了一段时期以来因部分基层党组织纪律涣散和作风浮夸、个别党员干部缺乏敬畏意识而引起群众不满的问题，使党的"肌体"更加健康，基层组织更加坚强有力。

在基层党组织建设的带动下，西藏基层社会总体实现了稳定与发展的目标。特别是自然条件更为艰苦的边境县乡镇，在整个国家高速发展的背景下，依靠各级党组织和广大党员干部及边境地区群众的共同努力，也呈现出良好的发展势头。各边境县结合实际，或者采取"公司＋合作社＋农户"的方式发展特色养殖业，利用财政部《边境地区转移支付资金管理办法》，建立繁育基地和养殖基地，政府免费提供饲料，以农业合作社的形式吸引农户参与，由公司负责销售，帮助农牧民在家门口脱贫增收；建设边贸市场、发展边境贸易，既促进了本县经济发展，为边民提供就业和增收渠道，也为邻近其他国家的群众提供了商机；建设边境小康村，实施易地扶贫搬迁，结合乡村振兴战略、高海拔搬迁战略、小城镇建设战略等，修建宜居宜业宜游的边境小康村，发展特色旅游。其中，山南市为60多户村民建设了具有门巴族特色的二层或三层房子，每户村民只需自筹8万元或12万元，其余由政府补贴。房子建成后，又先后配套建设村活动中心、广场、水泥路、路灯等设施，一座座充满民族和时代气息的乡村初具规模。①

---

① 参见赵久龙、黄浩铭《高原上盛开"格桑花"——西藏边境县发展观察》，载《经济参考报》2018年11月23日第A5版。

第三章　西藏边境县农村基层党组织建设历程回顾

党在农村的基层组织是党的组织体系的基础。每一个党员都必须编入党的一个支部并参加其中的活动，这是马克思主义政党的一个组织原则。少数民族地区边境县的农村基层党组织，是开展边境农村民族工作的基础，也是全面贯彻、落实党的各项方针、路线、政策及任务的基层战斗堡垒，更是巩固边防、维护国家统一的"前哨"。只有深入推进边境县农村基层党组织在社会各领域的覆盖面，并使其葆有旺盛的战斗力，才能为完成西藏边境县承担的特殊使命与任务打好组织基础，推动当地的经济社会发展，服务当地的人民群众，凝聚边境少数民族地区的民心，促进民族团结，巩固国防，保障国家安全。①

西藏边境县农村基层党组织建设历程基本同步于西藏当代史发展进程。可大致分为五个阶段：1965年自治区成立以前，农村基层党组织的建设阶段；1966—1978年，农村基层党组织的艰难发展阶段；1979—2002年，农村基层党组织的设置、整顿与规范阶段；2003—2012年，农村基层党组织的能力建设阶段；2013年以后，新时代服务型农村基层党组织建设阶段。

---

① 参见王伟《少数民族地区基层党组织影响力提升对策》，载《人民论坛》2015年第2期，第68页。

第一节 1965年自治区成立以前的农村基层党组织的建设阶段

1965年以前的西藏边境县农村基层党组织建设可以划分为两个时期——和平解放时期和民主改革时期。西藏边境县农村基层党组织建设体现了这两个时期的阶段性特征。

一、和平解放时期，开始在社会上发展党员

1951年和平解放以前，西藏没有中国共产党的地下组织。为了解放西藏，根据毛泽东同志的指示，1950年1月、12月，分别在四川乐山和甘肃兰州成立了中国共产党西藏工作委员会、中共（西北）西藏工作委员会。根据解放西藏工作任务的安排，1951年12月19日，中国共产党西藏工作委员会和中共（西北）西藏工作委员会组成了统一领导的中国共产党西藏工作委员会，而后，各地相继组建了分工委。[①] 1954年，我国第一部宪法《中华人民共和国宪法》颁布，明确规定少数民族地区实行民族区域自治制度，为统一的多民族国家处理民族问题，建立平等、团结、互助的民族关系，保障少数民族权利提供了制度保障。

中国共产党西藏工作委员会（简称"中共西藏工委"或"西藏工委"）是1951—1965年期间西藏地区中国共产党的领导机构，是组织实施中央关于解放西藏、党经略西藏的领导核心。1951年《中央人民政府和西藏地方政府关于和平解放西藏办法的协议》（简称

---

① 参见中共中央文献研究室、中共西藏自治区委员会《西藏工作文献选编（一九四九—二〇〇五年）》，中央文献出版社2005年版，第11、53页。

《十七条协议》）签订。西藏实现和平解放后，面对我国边境领土被帝国主义侵略和旧西藏上层分裂势力的反动活动，受当时的历史条件所限，党在相当长的一段时间里对西藏地方政府工作实行的是类似于抗日战争时期对根据地所实行的一元化领导方式，除了要求中共西藏工委在计划、行动等诸多方面必须坚持在党中央的统一领导之下对西藏实际问题做出应有的反应，在组织上，一些军事机关基本上代表了党的机关，领导干部也多为军地兼职。①进藏的党政机关和部队加强了在西藏东部边境地区的工作。在昌都人民解放委员会的领导下，中国共产党在西藏逐步建立起党的各级组织，成为边境地区工作的领导机构，同时，在日喀则和阿里等地县建立分工委，结合边境地区的特殊性，西藏边境县多建立连队党支部。②1951年6月29日，中国人民解放军新疆军区独立骑兵师率部队进驻普兰宗③。随后，为了更好地驻守普兰，继续守卫边防，开展统战和群众工作，新疆军区独立骑兵师建立连队党支部，由18名党员组成。1952年3月，连队党支部改编为阿里骑兵支队一连党支部。少数民族党群干部是中国共产党在西藏边境地区的组织基础。面对边境县县域少数民族和民族问题的特殊性，正确处理党群、干群关系在当时变得极为重要。1949年11月，毛泽东主席强调："要彻底解决民族问题，完全孤立民族反动派，没有大批从少数民族出身的共产主义干部，是不可能的。"④遵照毛泽东同志的这一指示，西藏开始系统性地选拔、培养和任用少数民族干部。随后，我国设立了中央民族学院等十几所民族院校，并且定期开设各种民族干部培训班，使少数民族

---

① 参见王小彬《经略西藏——新中国西藏工作60年》，人民出版社2009年版，第583页。
② 参见中共中央文献研究室《建国以来重要文献选编》第一册，中央文献出版社1992年版，第170页。
③ 西藏阿里地区普兰县在1959年以前称为"普兰宗"，1960年更名为普兰县。"宗"为西藏的行政单位，相当于县。西藏民主改革后，宗不复存在，被县取代。
④ 中共中央文献研究室：《建国以来重要文献选编》第一册，中央文献出版社1992年版，第39页。

干部队伍实现了质和量的飞跃。这些少数民族干部中不少人光荣地加入了中国共产党。据中共西藏工委在《关于八年来西藏工作基本总结和今后四年内工作方针和任务的报告》中的记述，截至1958年年底，西藏全区共吸收和培养了6128名藏族干部和学员，发展了1190名藏族党员、1934名藏族团员，建立和发展了爱国青年、妇女的组织。① 这些民族干部为西藏的和平解放、民主改革和自治区的成立做出了重要的贡献。

  需要特别指出的是，1955年4月以前，中共西藏工委和分工委及其党建活动是不公开的，还没有在社会上开展建党工作。1955年4月14日，中央给西藏工委的电报说："西藏工委和各分工委可以公开，公开方式不必正式发出通知，可以利用'七一'党的纪念日召开一次座谈会，由党委书记出面讲话的形式公布。"② 同年7月，根据中央指示，西藏地方党委以军队番号为代号的情况结束。③ 1956年10月19日，中共西藏工委在《一九五六年第三季度工作综合报告和第四季度工作安排》中对社会上建党建团工作做出安排。报告指出："到9月29日260人参加的西藏地界青年代表大会会议上，已有270多名优秀藏、回族青年被吸收为中国新民主主义青年团员。培养藏族干部已突破了保守思想，正在大力吸收，建团、建队工作已顺利地开展，社会上建党工作已经开始。"④

---

① 参见中共西藏自治区委员会党史研究室《中国共产党西藏历史大事记：1949—2004》第1卷，中共党史出版社2005年版，第122—123页。

② 《中华通鉴·西藏卷》编纂委员会：《中华通鉴·西藏卷》第1～2卷，中国藏学出版社2013年版，第615页。

③ 参见《中华通鉴·西藏卷》编纂委员会：《中华通鉴·西藏卷》第1～2卷，中国藏学出版社2013年版，第616页。

④ 《中华通鉴·西藏卷》编纂委员会：《中华通鉴·西藏卷》第1～2卷，中国藏学出版社2013年版，第642页。

二、民主改革时期，开始建立农村基层党组织

1949—1959年，中央人民政府对西藏社会制度改革采取了一切工作必须"慎重稳进"的基本指导思想，根据西藏实际，又做出"六年不改"的极为宽容的决定，耐心等待和劝说旧西藏地方上层统治集团主动进行改革，并给予了充分的时间。因此，和平解放后，西藏社会一直延续着政教合一的封建农奴制度。但是，以十四世达赖为首的旧西藏上层农奴主反动集团为了维护农奴主阶级的既得利益和特权，自西藏和平解放以来，耍两面派，从心底里反对改革，蓄意破坏协定，企图永远保持封建农奴制。1959年3月10日，他们公然蓄意违反并撕毁了《十七条协议》，发动全面武装叛乱。1959年3月22日，中央政府平定叛乱后，西藏翻开了历史的新篇章，进入民主改革的轨道。1959年3月28日，国务院总理周恩来发布命令，解散旧西藏地方政府，由西藏自治区筹备委员会行使西藏地方政权职权。同年7月17日，根据西藏自治区筹备委员会第二次全体会议通过的《关于在西藏全区进行民主改革的决议》，西藏开始了民主改革的伟大历史进程。针对边境地区的特殊情况，西藏自治区筹备委员采取因地制宜、稳妥推进的政策。1959年11月，中国人民解放军开始派部队进驻边界地区。1960年8月17日，中共西藏工委成立边防委员会。1960年11月，中共西藏工委在定日召开边境工作会议，并制定了《关于目前边境工作的指示》，初步形成边境工作的指导思想和具体政策，加强了对边境地区的控制和管理。在"稳妥、缓改"思想方针的指导下，边境地区的民主改革一般是在腹心地区完成后才全面进行（有的地方推迟到1963年才进行改革），从此改变了西藏边境地区长期有边无防的状况。与本书密切相关的内容是《关于目前边境工作的指示》，它涉及西藏边境地区党的建设，加强了党的

一元化领导。① 1959年10月30日，中共西藏工委在《关于西藏地区建立各级政权组织的指示》中指出，随着民主改革的完成，逐步建立区、乡人民政府；在县、区、乡人民政府成立时，召开人民代表大会。关于在民主改革中进行党建工作，1959年10月30日，中共西藏工委发出在民主改革中进行党建工作的指示，指出，应本着"积极、慎重"的建党方针，在民主改革运动中做好党建的准备工作，并在已完成民主改革的地区有计划地发展党员，建立党的组织；同时也规定了发展新党员的条件、办法和工作步骤等。② 1959年11月，中共西藏工委发出指示，经过试点，开始有计划、有步骤地在农村发展新党员，建立党的组织。这是西藏和平解放以来正式开始在农村基层建立党组织、发展党员。③ 1959年11月24日，中共西藏工委在《关于已完成民主改革地区的工作安排》中指出，在群众发动较好的地区，把区、乡政权和武装治安小组建立起来。④ "1960年，全区建成60个县，5个相当于县的市辖区政权，283个区级政权，1009个乡级政权（未含阿里地区）。另外，还建立乡农（牧）民协会957个、乡牧民协会164个。"⑤ 从此，不仅西藏边境地区广泛建立起了人民民主政权，实现了社会制度的历史性跨越，而且农村地区的基层党组织建设正式进入新的历史时期。

同时，需要特别强调指出的是，这一时段，虽然农牧区开始建立党的基层组织，并开始发展党员，但具体做法仍然是极其慎重的。

---

① 参见中共西藏自治区委员会党史研究室《中国共产党西藏历史大事记：1949—2004》第1卷，中共党史出版社2005年版，第178页。

② 参见《中华通鉴·西藏卷》编纂委员会《中华通鉴·西藏卷》第1～2卷，中国藏学出版社2013年版，第717页。

③ 参见《中华通鉴·西藏卷》编纂委员会《中华通鉴·西藏卷》第1～2卷，中国藏学出版社2013年版，第721页。

④ 参见中共西藏自治区委员会党史研究室《中国共产党西藏历史大事记：1949—2004》第1卷，中共党史出版社2005年版，第162页。

⑤ 西藏自治区地方志编纂委员会、《西藏自治区志·民政志》编纂委员会：《西藏自治区志·民政志》，中国藏学出版社2010年版，第146页。

1960年2月23日，中央组织部对西藏地区1960年党建工作做出指示，认为中共西藏工委组织部计划1960年在农牧区接收占人口1%的人入党有些过急过高，要求对各方面都好的青年，首先要接收他们参加共青团，经过团的教育后再接收其入党为好。"个别情况下，对确实具备党员条件的，也可以个别吸收入党。在少数民族中，首先接收经过锻炼和培养的民族干部入党，然后再经过他们在社会上吸收党员。"[①] 1961年1月，中共西藏工委在《关于目前边境工作的指示》中，特别强调了坚持党的一元化领导问题。直到1961年7月，已有1000多名农牧民加入了中国共产党，在西藏各地农村普遍建立了党的基层组织。1963年3月11日，中共西藏工委召开党务工作会议，就区、县两级党委的会议制度不健全，有些地区对民主集中制的理解和执行有片面性，有的党委对征求和听取藏族委员的意见不够，有的党委团结不够好等问题，制定了《关于认真贯彻执行党的民主集中制的决定》《关于交流各级党政主要领导干部的决定》《关于贯彻执行党的八届四中全会〈关于加强党的监察机关的决定〉的决定》等文件。[②] 1965年9月1日，中共西藏工委改名为中共西藏自治区委员会（简称"区党委"），原属于中共西藏工委的分工委改称地委。至此，西藏全区的农村基层党组织进入制度化建设阶段。

第二节　1966—1978年农村基层党组织的艰难发展阶段

　　1966年，"文化大革命"爆发。"文化大革命"是一场由领导者

[①]《中华通鉴·西藏卷》编纂委员会：《中华通鉴·西藏卷》第1～2卷，中国藏学出版社2013年版，第728页。

[②] 参见《中华通鉴·西藏卷》编纂委员会《中华通鉴·西藏卷》第1～2卷，中国藏学出版社2013年版，第778页。

错误发动,被反革命集团利用,给党、国家和各族人民带来严重灾难的内乱。在1966—1976年这十年期间,全国各地党组织受到严重打击,发展艰难。"文化大革命"的爆发对西藏产生了不可避免的影响。但由于西藏相对封闭的自然环境、高寒缺氧的气候条件、民族和宗教工作的特殊性及西南边陲的国防安全等,西藏地区的"文革"既有全国"文革"的一般特征,也有边疆地方独有的特点。西藏地区的动荡时间相对祖国内地较短,且动荡在一定程度上被有效地控制在有限的范围内。因此,这一时期,可以称为西藏边境县农村基层党组织在动荡下艰难发展的阶段。

尽管西藏自治区"文革"运动的广度和深度远没有祖国内地那么严重,受到的影响也自然相对较轻,但边境县农村基层党组织的建设被大大地延误是肯定的。根据史料记载,进入20世纪70年代中后期,各边境县逐渐恢复了党组织和党员活动,建立了农牧区党支部,成立公社党支部,撤销办事、政工、政法、生产"四大组"及其他党政机关组织。1967年5月,中共中央决定西藏实行军事管制,6月成立了西藏自治区军事管制委员会①,统一领导西藏各项工作,部队介入地方执行"三支两军"(支左、支工、支农,军管、军训)任务,在维护社会秩序、稳定边疆等方面发挥了积极作用。同时,通过"毛泽东思想宣传队"对毛泽东思想及党的大政方针政策的宣传,马克思列宁主义、毛泽东思想得以广泛传播,党的理论知识和政策被基层民众广为知晓。

---

① 参见张云《西藏通史·当代卷》下Ⅰ,中国藏学出版社2016年版,第995页。

第三节 1979—2002年农村基层党组织的设置、整顿与规范阶段

党中央在经历十年"文革"动荡时,西藏自治区人民也承受着"文革"带来的伤痛。因西藏的改革开放与祖国内地相比略有迟滞,因此,党的十一届三中全会后,具体来说即1979—1989年,在以邓小平同志为主要代表的党中央的领导下,西藏工作的重点是修复"文化大革命"给西藏各项事业造成的破坏,大刀阔斧地进行改革,拨乱反正,逐步开启改革开放的伟大历史进程。西藏自治区紧随时代步伐,并积极响应党中央号召,旗帜鲜明地在自治区内进行拨乱反正,恢复农村基层党组织的设置,整顿建制。1989—2002年,以江泽民同志为主要代表的党中央,从全面总结党的历史经验和如何适应新形势新任务的要求出发,提出了"三个代表"重要思想,在前人的基础上,继续推进从严治党,整顿基层党组织的设置,使农村基层党组织建设不断完善、逐渐规范化。

一、恢复设置、整顿时期(1979—1989年)

"文革"结束后,以邓小平同志为主要代表的党中央,以人民群众的利益为出发点,力主推行改革开放。在此背景下,1980年,中央召开首次西藏工作座谈会,在广泛开展"实践是检验真理的唯一标准"的讨论的基础上,进一步解放和统一思想。此次西藏工作座谈会明确了西藏当时的中心任务及奋斗目标,即"以藏族干部和藏族人民为主,加强各族干部和各族人民的团结,调动一切积极因素,从西藏实际情况出发,千方百计地医治林彪、'四人帮'造成的创伤,发展国民经济,提高各族人民的物质生活水平和文化科学水平,

建设边疆，巩固边防，有计划、有步骤地使西藏兴旺发达、繁荣富强起来"①。西藏自治区党委对历次政治运动中造成的冤假错案，提出处理历史遗留问题"宜粗不宜细，宜简不宜繁"②，在调查研究的基础上秉承"全错全平，部分错部分平，不错不平"③的指导思想，着重从政治上解决问题，进行全面复查处理。1982年7月24日，自治区党委制定《区党委关于进一步贯彻执行〈全国农村工作会议纪要〉的意见》，开始撤社建乡工作，到1985年年底，自治区的撤社建乡工作基本结束。④

1987年8月3日—11日，西藏自治区党委和政府在拉萨召开了全区基层政权建设工作会议，这是进入改革开放新时期以来对党在西藏农村基层党组织建设工作上具有重大意义的一次会议。会议以中央有关政治体制改革的思想为指导，更新观念，分析现状，统一思想，研究和制定符合西藏特殊区情实际的基层政权和基层党组织建设的方针政策。会议通过了自治区党委和人民政府《关于加强基层政权建设的决定》。《关于加强基层政权建设的决定》共10条，指出农牧区相当数量的党员比较突出地存在着怕当党员影响个人致富，当党员不能信教，当党员不自由，安于现状，满足于解决温饱等问题。《关于加强基层政权建设的决定》要求大力抓好党员教育，充分发挥共产党员的先锋模范作用，并做出5条规定。要求加强对农牧区党员的管理工作，建立健全切实可行的组织生活制度。积极做好发展党员的工作。8月11日，自治区党委和政府正式发布《关于加强

---

① 朱晓明、张云、周源等：《西藏通史·当代卷》上，中国藏学出版社2016年版，第368页。

② 《统一论坛》记者：《由拨乱反正进入改革开放时期的西藏（续）——访中国藏学研究中心当代研究所研究员王小彬》，载《统一论坛》2016年第1期，第73页。

③ 《统一论坛》记者：《由拨乱反正进入改革开放时期的西藏（续）——访中国藏学研究中心当代研究所研究员王小彬》，载《统一论坛》2016年第1期，第73页。

④ 参见西藏自治区地方志编纂委员会、《西藏自治区志·民政志》编纂委员会《西藏自治区志·民政志》，中国藏学出版社2010年版，第163页。

农牧区基层党组织建设的决定》，在全区试行县直接领导乡的行政体制，逐步改区为乡，撤区并乡，调整乡的行政区划，改革乡干部制度，实行聘用选举制和聘用任命制。①

这一项工作至1989年2月基本结束，基本完成了加强基层政权建设的各项任务。对此，西藏自治区民政厅也进行了很好的总结。在这段时间里，各边境县党委陆续召开党员代表大会，大会报告指出，在党组织建设方面要认真搞好思想政治路线教育，抓好领导班子建设，坚持集体领导，改进领导作风。提出要对农牧区基层组织进行整顿，加强基层组织建设，要求各级党组织和广大党员坚决贯彻党在农牧区实行的各项方针政策。各边境县据此建立健全了部分发展党员的规章制度，党员队伍素质得到提升。例如，山南地区错那县、阿里地区普兰县等边境县，坚持发展党员要"坚持标准，保证质量，慎重发展"的方针，将工作重点放在生产、工作第一线的工人、农民和知识分子及党的力量薄弱的边远地区。在农牧区群众中发展预备党员，发展团员，培养党员积极分子，新建基层党委，增设村党支部，充实基层干部。这些措施使农牧区基层党组织建设和思想建设得到了加强，党员教育和管理力度有所加大。②

二、不断完善、规范时期（1989—2002年）

20世纪80年代末90年代初，面对国际国内形势的变化，以江泽民同志为主要代表的党中央非常重视民族问题和维护边疆安宁稳定问题。针对一部分党员干部存在着思想僵化、理想信念动摇、党

---

① 参见《中华通鉴·西藏卷》编纂委员会《中华通鉴·西藏卷》第3～4卷，中国藏学出版社2013年版，第1463—1464页。

② 参见西藏自治区地方志编纂委员会、西藏自治区阿里地区普兰县地方志编纂委员会《普兰县志》，巴蜀书社2011年版，第89—90页；西藏自治区地方志编纂委员会、西藏自治区错那县地方志编纂委员会《错那县志》，中国藏学出版社2013年版，第173—174页。

组织涣散、作风漂浮、腐败等突出问题，党中央及时提出了"三个代表"重要思想，为党和国家发展的特殊时期指明了前进和努力的方向，廓清了社会上存在的诸多迷茫。

在此期间，自治区党委、政府及其相关部门下发了一系列的文件，例如：1995年4月10日，自治区党委和政府下发《关于贯彻〈中共中央关于加强农村基层组织建设的通知〉的意见》；1995年7月2日，自治区党委办公厅和政府办公厅转发了自治区基层组织建设领导小组办公室拟定的《关于加强我区农牧区基层组织建设整顿工作的意见》；1996年1月3日，下发了自治区党委和政府《关于加强农村牧区工作的决定》；1998年8月6日，自治区党委批转了自治区基层组织建设领导小组办公室《关于加强农村基层组织建设的意见》；1998年11月21日，自治区党委下发了《关于贯彻〈中共中央关于农业和农村工作若干重大问题的决定〉的意见》。这些系列文件均聚焦农村基层政权组织建设，强调发挥农村基层党组织在农村工作中的领导功能和战斗堡垒作用。① 2001年6月，中央第四次西藏工作座谈会在北京召开。时任中共中央总书记的江泽民同志在讲话中指出，"不断加强党的建设，加强领导班子和干部队伍建设，为西藏的改革、发展、稳定提供坚强政治保证"是做好西藏工作的一条基本经验，是做好西藏工作的根本保证。会议要求，开创西藏工作新局面，必须高度重视以基层为重点的组织建设。②

西藏各边境县党委认真贯彻落实中央第三、第四次西藏工作座谈会精神和自治区党委、政府及其相关部门下发的文件精神，坚持党的领导，坚持从严治党，坚持对各级党员干部进行不懈的全心全意为人民服务的宗旨观教育及正确的祖国观、民族观、宗教观教育，

---

① 参见西藏自治区地方志编纂委员会、《西藏自治区志·民政志》编纂委员会《西藏自治区志·民政志》，中国藏学出版社2010年版，第170—174页。

② 参见新华社《党中央国务院召开第四次西藏工作座谈会》，载《新华每日电讯》2001年6月30日第1版。

大力弘扬"老西藏精神"和新时期的"孔繁森精神"。经过十余年的建设，西藏边境县农村基层党组织建设总体上得以完善、规范。

第四节 2003—2012年农村基层党组织的能力建设阶段

承上所述，虽然经过农村基层党组织的整顿与规范化建设，但面对全面建设小康社会的新形势与新任务，以及西藏边境县的复杂的稳定发展任务，农村基层党组织的能力不足问题仍旧非常突出。因此，加强农村基层党组织的能力建设成为党的十六大以来重要的任务之一，当然也是显著的特征之一。

党的十六大以来，全区以加强党的农村基层组织和党员队伍建设为基础，着重加强党的执政能力建设，将农村基层党组织的执政能力作为党的整个执政能力体系中的重要组成部分。[①] 这一时期，西藏自治区各级党委大力实施了农村基层党组织"三级联创"和"双培双带"工程，努力"把党员培养成致富能手，把致富能手培养成党员，做给群众看，带着群众干，增加农民收入，实现共同富裕"。强调党员是农村改革事业的主心骨、经济发展的"领头雁"，是党联系农民群众的纽带和桥梁。各县严格落实这一工作安排，依托当地优势，带领群众发展经济，增收致富，维护农牧民群众的切身利益。同时，各县大力开展党建扶贫工作，从地直、县直机关下派干部到乡（镇）村蹲点，帮助指导基层工作，开创了各农村基层党建工作和经济工作互动双赢的局面。积极创新载体，搭建党员服务平台，发挥党员先锋模范作用。在农牧区大力开展党建示范点创建活动、

---

① 参见苟欣文、刘开寿《论党的执政能力建设及其在基层的实践》，载《探索》2003年第2期，第22页。

党员"蹲点包片""结对帮扶"活动,召开农牧区致富能手座谈会,促进农牧区经济蓬勃发展。公开考录乡(镇)公务员、事业单位工作人员和专业技术人员,招募"三支一扶"人员、大学生村官,将其进一步充实到乡村干部队伍中,激发农村基层党组织活力。同时,各边境县将切实加强党风廉洁政策、推进建设学习型党组织作为提高党的执政能力、巩固党的执政地位的一项重大政治任务来抓,全方位提高党员的综合素质和工作能力。开展党风廉洁建设和反腐败斗争,严明党的纪律,增强党员的党章意识和纪律观念,牢固树立拒腐防变的思想道德防线,建立预防腐败的长效机制,从源头上预防和解决腐败问题,着力深化"三联四共"(联学提升整体素质、联帮密切党群关系、联培强化服务功能;共同培养发展党员、共同开展劳动、共同参与学习教育、共同开展党组织生活)党建载体,在素质、民心、功能等方面下功夫,不断筑牢边境农村基层党组织的战斗堡垒。①

第五节 新时代服务型农村基层党组织建设阶段

2012年党的十八大召开以来,全面从严治党成为我国改革发展过程中的主题词。针对农村基层党组织建设工作,习近平总书记在贵州考察时就曾强调:"党的工作最坚实的力量支撑在基层,经济社会发展和民生最突出的矛盾和问题也在基层,必须把抓基层打基础作为长远之计和固本之策,丝毫不能放松。要重点加强基层党组织建设,全面提高基层党组织凝聚力和战斗力。"② 针对西藏党建工作,

---

① 参见旺久《西藏札达县:军地联筑边境基层党组织战斗堡垒》,载《党建》2016年第2期,第53页。

② 习近平:《看清形势 适应趋势 发挥优势 善于运用辩证思维谋划发展》,载《人民日报》2015年6月19日第1版。

习近平总书记在中央第六次西藏工作座谈会上的讲话中明确指出："必须加强各级党组织和干部队伍建设，巩固党在西藏的执政基础"，"做好西藏工作，必须坚持党的领导，全面加强党的建设，着力建设好各级领导班子、干部人才队伍、基层组织，不断提高党的创造力、凝聚力、战斗力"①。的确，实践证明，加强和改进西藏基层党组织建设工作，是推进"治国必治边、治边先稳藏"重要论述在西藏成功实践的重要举措之一，对巩固党在西藏的执政基础、团结带领各族人民全面建成小康社会、实现中华民族伟大复兴的中国梦都具有重大意义②。在此背景下，西藏自治区党委认真贯彻落实中共中央办公厅印发的《关于加强基层服务型党组织建设的意见》，大力建设标准化的服务型基层党组织，各边境地市、县、乡镇、村针对各自的特殊情况，采取有针对性的系列措施，不断激发农村基层党组织的活力，取得了显著的成就。

鉴于该问题将在第四、第五章中详加阐述，此处不再赘述。

---

① 新华社：《依法治藏富民兴藏长期建藏　加快西藏全面建成小康社会步伐》，载《人民日报》2015年8月26日第1版。

② 参见王文令《加强西藏基层党建工作应多方用力》，载《中国民族报》2017年5月19日第7版。

第四章　党的十八大以来西藏自治区基层党组织建设概况

党的十八大以来，西藏自治区党委以习近平新时代中国特色社会主义思想为指导，全面贯彻党中央决策部署，贯彻落实党的十九大精神（特别是习近平总书记关于"治边稳藏"的重要论述，以及加强民族团结、建设美丽西藏和争做"神圣国土的守护者、幸福家园的建设者"的重要指示精神），牢固树立大抓基层的鲜明导向，坚持强基固本，大力推进"五型"党组织的标准化建设。党组织的标准化建设，为全面加强党的基层组织建设、激发基层组织的活力找到了有力的抓手。经过几年的努力，西藏全区有效扭转了过去基层党组织建设"宽、松、软"的不正常局面，切实厚植了党的执政根基，为西藏全区实现稳定发展的战略目标提供了坚强的组织保证。

第一节　明确"九个严格"，强力整顿软弱涣散的党组织

近年来，西藏自治区党委高度重视基层组织建设，按照党中央"党要管党、从严治党"的重大决策部署，明确提出了"九个严格"[①]作为基层党政组织建设的根本要求。

[①] "九个严格"是指严格党建责任、严格思想教育、严格制度约束、严格政治生活、严格管理干部、严格作风建设、严格党的纪律、严格加强监督、严格把握从严治党规律。

在政策顶层设计层面，西藏自治区党委制定出台了《关于进一步加强基层党组织能力建设的意见》《关于坚持以习近平新时代中国特色社会主义思想为指导大力推进基层党组织标准化建设的意见》《关于加强农牧区基层党建工作的意见》和《关于建立健全乡镇（街道）党委书记抓发展党员工作责任制的意见》等规范文件，努力把基层党组织建设成为服务群众、维护稳定、反对分裂的坚强战斗堡垒。在工作实践层面，西藏自治区党委大力倡导多做打基础、利长远的工作，不断充实乡镇基层和反分裂斗争一线力量，选派优秀干部担任村居党支部第一书记，深化干部驻村驻寺制度，积极开展"先进双联户"创建评选，创新城镇网格化管理，基层党组织的创造力、凝聚力和战斗力不断增强，进一步巩固了党在西藏的执政基础。①

在此基础上，强力整顿软弱涣散的党组织，认真做好处置不合格党员工作，全面提高党员队伍素质，不断增强党组织自我净化、自我完善、自我革新、自我提高的能力。2015—2018 年，仅日喀则市就处置不合格党员 188 名。其中，限期整改 78 名，劝退 35 名，取消预备党员资格 9 名，除名 95 人，开除党籍 1 人。② 山南市制定基层党组织晋位升级工作办法，对全市基层党组织进行"拉网式"逐个摸底排查。按农牧区不低于 10%、其他行业领域不低于 5% 的比例，采取末位倒排的方法筛出软弱涣散的基层党组织，认真梳理落后的党组织存在的问题，坚持"一支部一方案、一问题一对策"，积极总结并大力推广重点挂号整顿、县级领导包点整顿等做法，加大整顿力度。通过系列性的努力，有效提升了基层党组织的组织力、凝聚力和战斗力。

---

① 参见《西藏日报》社《高原党旗熠熠生辉——我区基层党建工作综述》，载《西藏日报》2016 年 7 月 29 日第 1 版。

② 资料来源于实地调研。资料编号：201905 - R - 001。

第二节 从贯彻全面从严治党决策部署的高度，统筹谋划基层党组织建设

党的十八大以来，以习近平同志为核心的党中央统揽伟大梦想、伟大事业、伟大工程、伟大斗争，把全面从严治党纳入"四个全面"战略布局，坚持"六个从严"，立新规、树新风、开新局，党内政治生活呈现新的气象，党的建设取得重大历史性成就。针对西藏的特殊区情，按照实现稳定、发展，以及生态文明建设三件大事的需要，西藏自治区党委严格贯彻落实中央全面从严治党决策部署，以高度的使命自觉推进基层党组织建设。

一、把政治建设摆在首位，统领党的建设

党的十八大以来，西藏自治区党委坚持通过持续不断地在各级党组织和党员领导干部中开展"两个维护"政治教育、争做"神圣国土的守护者、幸福家园的建设者"教育、新旧西藏对比教育、各地根据本地实际情况开展的"党员不信教"专题教育，以及覆盖西藏全区人员的"四讲四爱"① 主题实践教育活动，教育和引导党员干

---

① "四讲四爱"是西藏自治区党委为了深入贯彻落实党的十八大精神，根据西藏特殊的区情和稳定发展的需要出台的西藏地方特色的政治教育活动。该活动分阶段、分步骤地在农牧民群众、青少年学生、寺庙僧尼中开展"讲党恩爱核心、讲团结爱祖国、讲贡献爱家园、讲文明爱生活"教育，旨在达到教育和引导群众拥藏、忠诚和捍卫习近平总书记这个核心，强化群众的"五个认同"认知，不断增强其中华民族共同体意识，进而形成加强民族团结、建设美丽西藏的思想自觉和行动自觉之目的。

部、广大农牧民群众牢固树立"两个维护""三个离不开"①"四个意识""四个自信""五个认同"②的正确认知；严明政治纪律和政治规矩，教育和引导广大党员干部对党忠诚老实，在维护祖国统一、反对民族分裂等大是大非问题上始终做到旗帜鲜明、立场坚定、表里如一；坚持把习近平新时代中国特色社会主义思想作为理论武装和干部教育培训的重中之重，教育广大党员干部着力在学懂、弄通、做实上下功夫；严格执行党章党规和各项规章制度，不断提高"三会一课"质量。同时，积极培育党内政治文化，着力加强"老西藏精神""两路精神"和爱国守边精神教育，使伟大的精神旗帜始终在雪域高原高高飘扬。③

二、以忠诚干净担当为标准，树立了鲜明的选人用人导向

近年来，西藏自治区党委认真贯彻落实习近平总书记关于选人用人工作的重要论述，坚持新时期好干部标准和民族地区干部"明

---

① "三个离不开"是江泽民同志1990年9月视察新疆时发表的讲话中提出的论断。即"汉族离不开少数民族，少数民族离不开汉族，各少数民族之间也互相离不开"。参见董立仁《"三个离不开"是民族团结的思想基础》，载《中国统一战线》2014年第5期，第34页。

② 习近平总书记2014年3月在看望出席全国政协十二届二次会议的少数民族界委员时的讲话和同年5月在中央第二次新疆工作座谈会上的讲话中，提出了"对伟大祖国的认同、对中华民族的认同、对中华文化的认同、对中国特色社会主义道路的认同"问题（参见《习近平的民族观》，新华网，2015年8月24日，见http://www.xinhuanet.com/politics/2015-08/24/c_128160466_3.htm）。在2015年8月召开的中央第六次西藏工作座谈会上的讲话中，习近平总书记在原来提出的"四个认同"的基础上，增加了"对中国共产党的认同"，即各族人民群众对"伟大祖国、中华民族、中华文化、中国共产党、中国特色社会主义的认同"（参见新华社《依法治藏富民兴藏长期建藏　加快西藏全面建成小康社会步伐》，载《人民日报》2015年8月26日第1版）。

③ 参见王雅慧《推动全面从严治党迈上新征程——我区党建和组织工作综述》，载《西藏日报》2018年11月1日第6版。

辨大是大非立场特别清醒、维护民族团结行动特别坚定、热爱各族群众感情特别真挚"之"三个特别"要求，坚持"六个绝不使用"①。大力选拔牢固树立"四个意识"和"四个自信"，始终做到"两个维护"，全面贯彻执行党的理论和路线方针政策，坚决维护祖国统一，坚决与十四世达赖集团做斗争，忠诚、干净、担当的干部；注重从改革发展第一线、脱贫攻坚主战场、反分裂斗争最前沿培养干部与选派优秀干部到基层一线锻炼相结合，注重培养、选拔、使用政治上靠得住和工作上有实绩的优秀的各族干部。同时，针对新形势下党员干部干事创业的复杂性，西藏自治区党委专门下发了《关于激励广大干部新时代新担当新作为建立容错纠错机制的办法（试行）》（藏组发〔2018〕226号）和《关于进一步激励广大干部新时代新担当新作为的实施意见》（藏党办发〔2018〕35号）两个重要文件，不断完善容错纠错机制，探索建立符合西藏特点的领导干部容错纠错机制。文件要求各级党委严格落实"三个区分开来"，列出"因缺乏经验，先行先试出现探索性失误或未达到预期效果的""因政策界限不明确或不可预知的因素，在创造性开展工作中出现失误或造成影响和损失的"等六种可以容错的情形，充分调动全区广大党员干部干事创业的积极性和主动性。②

---

① "六个绝不使用"，是指发表违背中央精神言论、对中央决定阳奉阴违的绝不使用；蓄意挑拨民族关系、破坏民族团结的绝不使用；参与支持分裂渗透破坏活动的绝不使用；非法出境朝拜十四世达赖的绝不使用；参加境外"法会"、听取讲经的绝不使用；送亲属子女到十四世达赖集团开办学校上学的绝不使用。参见藏组轩《西藏树立"五个注重"用人导向，对中央决定阳奉阴违者，绝不使用!》，载《中国组织人事报》2015年8月31日第2版。

② 参见周辉《好干部脱颖而出——2017年全区干部工作综述》，载《西藏日报》2018年2月3日第2版。

三、强化日常监管,实现选人用人专项检查全覆盖

选好人,用好人始终是一个国家治国理政过程中的核心问题。历史和现实充分说明,一个政党、一个国家能否持续不断地培养出有意愿、有能力干事创业的有担当的好干部,直接关系到这个国家的兴衰存亡。2018年7月3日—4日,全国组织工作会议在北京召开。习近平总书记在讲话中指出:"贯彻新时代党的组织路线,建设忠诚干净担当的高素质干部队伍是关键,重点是要做好干部培养、选拔、管理、使用工作。"① 党的十八大以来,西藏自治区党委从严格贯彻落实新时代党的组织路线,从西藏顺利实现经济社会长足发展和长治久安战略目标的高度,深入研究新时代干部选拔任用、监督工作的特点和规律,加强对各级党员领导干部的"政治体检"和监督约束,加大对选人用人方面的问责力度。针对中央巡视组巡视过程中发现的问题和中组部选人用人专项检查中发现的问题,进行"销号"管理,在全国率先开展组织系统内部巡察工作,实现区、市、县三级组织部门专项巡视全覆盖。②

第三节 深入推进"五型"党组织建设,厚植党的执政基础

党的十八大以来,在西藏自治区党委的统一安排部署下,全区大力推进"五型"党组织建设,厚植了党的执政根基,为推动西藏

---

① 新华社:《切实贯彻落实新时代党的组织路线 全党努力把党建设得更加坚强有力》,载《光明日报》2018年7月5日第1版。
② 参见曾万明《用好巡视利剑 锻造治边稳藏干部队伍》,载《西藏日报》2017年9月14日第2版。

长足发展和长治久安提供了坚强的组织保证。据《西藏日报》社记者姚闻同志在题为"让党的旗帜在雪域高原每个阵地高高飘扬——党的十八大以来西藏基层党组织建设综述"中的报道，近年来，西藏自治区"五型"党组织建设的主要做法可以概括为以下五个大的方面。[①]

一、根据行业，系统强化"五型"党组织建设的顶层设计

根据"五型"党组织建设要求，区分农牧区、城市社区、机关（事业）单位、学校、国有企业、非公企业和社会组织七大领域，分别从组织设置、领导班子建设、党员队伍建设、组织生活、活动载体、运行机制、经费保障、场所建设八个方面规划出基层党组织建设的具体指标，要求各级各类基层党组织力争用一年时间基本达到规定要求。到2020年，村级组织活动场所全面实现标准化。

二、织密党的基层网络，实现基层党组织全覆盖

实现基层党组织全覆盖的核心内容是在全区5469个村居全部建立基层党支部的基础上，把党组织建在农牧区村组、便民警务站、互联网站、寺管会、学校、"两新"组织上，在全区4万多个"先进双联户"单元建立党小组，在驻村工作队和虫草采集点建立临时党组织6500多个。目前，全区共有基层党组织1.7万多个。

---

① 该部分内容主要来自姚闻的新闻报道，不再一一标注。参见姚闻《让党的旗帜在雪域高原每个阵地高高飘扬——党的十八大以来西藏基层党组织建设综述》，载《西藏日报》2017年10月5日第1版。

三、突出思想教育，发挥党组织及其党员的先锋模范作用

除了全国统一安排的学习教育活动，西藏针对特殊的区情和稳定发展需要，深入开展新旧西藏对比教育，"四讲四爱"主题教育实践活动，向"时代楷模"卓嘎、央宗姐妹学习，等等。在基层党组织的团结带领下，大力实施"神圣国土的守护者、幸福家园的建设者"战略，在打赢脱贫攻坚战中引领群众解放思想、自力更生，主要依靠自己的辛勤劳动发家致富；教育和引导各族人民群众自觉与达赖集团划清界限，大力淡化宗教的消极影响，着重过好当下的幸福生活。同时，广泛开展"党员干部进村入户、结对认亲交朋友"活动，且"不脱贫不脱钩"。

四、坚持人往基层走，选优配强农村基层组织，抓党建促脱贫攻坚

针对西藏自治区贫困面大、贫困人口数量多、攻坚脱贫任务重的情况，西藏自治区党委和政府坚持把有限的编制向乡镇和乡村倾斜。2012年以来，累计为乡镇增加各类编制近7000名；从大中专院校毕业的大学生中招录8500余名乡镇公务员；选派2200名地县机关干部到乡镇任职；选派7000余名优秀干部到寺管会工作；每年选派2万多名干部进驻5469个村居开展强基惠民活动。同时，还选派1万余名干部担任村居党组织第一书记，招录4000多名大学生到村居担任大学生村官。2016年，乡镇领导班子换届后，乡镇班子平均配备7.7名干部，使乡镇党政正职"一藏一汉"配备实现全覆盖，每个乡镇抓基层党建工作的力量达到4人以上。2017年村居换届选举，按照"双培双带"工作安排，切实把党性观念牢、群众基础好、维

稳能力强、致富本领高的党员选进村居班子；换届后，30920名村居"两委"班子成员中，党员比例达到100%。

人往基层走的目的是抓党建促脱贫攻坚。近年来，西藏把打赢脱贫攻坚战作为重大政治任务来抓，先后两次召开抓党建促脱贫攻坚工作座谈会，着力构建自治区、地市、县区、乡镇和村居五级书记抓脱贫的良好格局。这一做法取得了实实在在的成就。2016年以来，西藏的脱贫攻坚工作一直走在全国的前列，林周县等25个贫困县区、2713个村居达到脱贫标准，实现脱贫摘帽，累计脱贫人口达29.7万人，贫困发生率由2015年的25.2%下降到2017年年底的7.9%①。2019年1月，自治区人民政府主席齐扎拉同志宣布，2019年西藏将确保剩余的"15万贫困人口全部脱贫、19个县全部摘帽，全区基本消除绝对贫困"②。2019年年底，"西藏最后一批19个贫困县（区）全部摘帽，标志着西藏全区基本消除绝对贫困"③。

五、建立党建责任清单，形成"书记抓、抓书记"的责任体系

为了将"五型"党组织建设落到实处，西藏全区层层签订《基层党建工作目标管理责任书》，推行目标化管理，把基础性、关键性的党建项目量化为7个方面、24项具体指标，进一步明确党委的主体责任、各级书记的第一责任、分管领导的直接责任、班子成员的"一岗双责"；同时，将《基层党建工作目标管理责任书》在一定范

---

① 参见琼达卓嘎、鲜敢《西藏二十五县脱贫摘帽》，载《人民日报》2018年10月4日第2版。

② 齐扎拉：《政府工作报告——二〇一九年一月十日在西藏自治区第十一届人民代表大会第二次会议上》，载《西藏日报》2019年1月24日第1版。

③ 新华社：《加快推进西藏经济社会高质量发展——论学习贯彻习近平总书记在中央第七次西藏工作座谈会上重要讲话》，载《人民日报》2020年9月2日第1版。

围内公示,接受党员、干部和群众的监督。通过对各级党组织实行严格的述职评议考核、印发通报和整改通知书、建立整改台账等措施,使各级党组织切实把抓好党建工作作为最大的政绩,使基层党建责任真正严起来。

概而言之,西藏自治区已经形成了"书记抓、抓书记"的基层党组织建设责任体系。从 2017 年以来,西藏自治区党委每年举行全区地(市)委书记、行业系统党工委书记抓基层党建工作述职评议会。2018 年度的评议会于 2019 年 1 月 17 日在拉萨召开,会议认真评议了 2018 年度的基层组织建设情况,自治区党委书记吴英杰同志做了总结讲话。吴英杰书记认为,经过系统性地推进党组织建设和述职评议工作,"找准了基层党建工作存在的薄弱环节、明确了整改方向,强化了各级党组织管党治党的责任意识、激发了各级党组织书记履职尽责的内生动力,既是一次对标定位、集体会诊,更是一次思想提升、责任传导,树立了抓基层强基础的鲜明导向"[①]。

第四节 扎实推进基层党组织的标准化建设

"五型"基层党组织建设是一种基层党建的理念、制度框架,如何真正使基层党组织具有学习、服务、创新、引领和战斗能力,需要以党建标准化为抓手去具体落实。2018 年,西藏自治区党委组织部印发了《关于坚持以习近平新时代中国特色社会主义思想为指导大力推进基层党组织标准化建设的意见》(藏组发〔2018〕74 号)。《关于坚持以习近平新时代中国特色社会主义思想为指导 大力推进基层党组织标准化建设的意见》规定,从 2018 年起,在全区各级各

---

① 肖涛、蒋翠莲、陈跃军:《全面贯彻落实新时代党的建设总要求和组织路线 为新时代西藏长足发展和长治久安提供坚强保证》,载《西藏日报》2019 年 1 月 19 日第 2 版。

类党组织中推进标准化建设。

一、组织体系建设标准化

组织体系建设标准化的核心任务是突出务实、管用和有效,不断健全完善基层组织体系,切实做到"哪里有人员的生产生活活动,那里就有党组织",不断提高基层党组织的生命力、战斗力、凝聚力,充分发挥基层党组织的领导核心作用和战斗堡垒作用,充分发挥党员队伍的先锋模范作用和骨干带头作用。

二、领导班子建设标准化

领导班子建设标准化的核心任务是以增强班子整体功能为重点,创新基层党组织带头人培养选拔机制,选优配强基层党组织领导班子,做到班子结构合理、成员分工明确、内部团结协作。

三、党员队伍建设标准化

党员队伍建设标准化的核心任务是严把党员发展质量关,按照"四讲四有"标准,做到政治合格、执行纪律合格、品德合格、发挥作用合格,建设一支信念坚定、素质优良、规模适度、结构合理、纪律严明、作用突出的党员队伍。

四、组织生活标准化

组织生活标准化的核心任务是构建多层次、多渠道的党员经常性学习教育体系,突出思想政治教育和党性锻炼,严格执行"三会一课"、谈心谈话、民主生活会、组织生活会、民主评议党员等基本制度，使党内各项组织生活正常规范、严肃认真。

五、工作载体建设标准化

工作载体建设标准化的核心任务是探索创新基层党组织活动载体，深入开展岗位练兵、业务竞赛、党员示范岗、党员责任区、无职党员设岗定责、党员承诺践诺、党员建言献策、党员干部进村入户结对帮扶、在职党员到社区服务、党员志愿服务等活动，推动基层党组织和党员做打赢脱贫攻坚战、决胜全面建成小康社会的中流砥柱，做推动发展和维护稳定的排头兵，做学法、尊法、用法的表率。同时，创新党的群众工作体制机制和方式方法。

六、工作机制标准化

工作机制标准化的核心任务是健全完善基层党组织的民主议事制度，扩大党内基层民主，推进党务公开，畅通党员参与党内事务、监督党的组织和干部、向上级党组织提出建议意见的渠道。

七、活动场所建设标准化

活动场所建设标准化的核心任务是党组织的活动场所达到有标识、有党旗、有领袖像、有电教设备（电视电脑）、有书报学习资料、有宣传栏、有上墙制度、有办公桌椅、有党建专柜的"九有标准"，不断强化组织场所的政治功能和服务功能。

八、基本工作保障标准化

基本工作保障标准化的核心任务是建立健全以财政投入为主、

援藏资金和党费为补充的稳定的经费保障制度,确保基层党组织有资源、有能力为广大人民群众办实事、能办成事。

同时,制定了完善的基层党组织标准化建设评价体系,分别根据党组织设置、班子队伍建设、党员队伍建设、党内组织生活、发挥作用途径、工作运行机制、活动场所标准、基本工作保障、特色加分项目9个一级指标,以及组织的设置形式、班子职数、发展党员工作等30多项二级指标,对每一个基层党组织进行年度考核。

党建标准化建设把庞杂的基层党建工作简化为管根本、可考核的指标体系,是提高党的建设质量的重要举措,是基层党组织标准化、规范化建设的有效途径,是基层党组织标准化、规范化建设的重要抓手,是推进基层党组织标准化、规范化建设的根本保证[1]。据《西藏日报》报道,西藏全区大力推进基层党组织标准化工作以来,累计投入47.9亿元资金,建成标准化村级活动场所1252个(包括385个边境自然村组织活动场所);2018年,整顿软弱涣散村级党组织574个,撤换不合格、不称职村干部7名[2]。

第五节　强化基层党组织的政治功能与服务功能

不论是创建"五型"基层党组织的理念与制度框架,还是以标准化为抓手提高基层党建的质量,最终的目的是强化基层党组织的政治功能与服务功能,使其真正成为凝聚人心、夯实基础、遇事不糊涂、关键时刻起作用的战斗堡垒。

---

[1] 参见曾万明《大力推进基层党组织标准化规范化建设》,载《党建研究》2018年第6期,第52页。
[2] 参见王雨霏《强化党建引领　决胜脱贫攻坚》,载《西藏日报》2019年1月16日第1版。

一、基层党组织的功能定位变迁

随着我国历史发展方位的改变,党的建设的形势与任务也必然发生变化,这正是党章不断进行修改的原因所在。中国共产党成立后的近百年中,党章经过了若干次的修改。通过对历次修改后的党章文本的研读,我们不难发现,我党的基层党组织的基本任务和功能定位大致经历了四个阶段的发展变化。

首先,在革命战争年代,基层党组织突出的是密切联系群众和斗争功能,突出强调基层党组织要大力宣传党的主张、政策和上级党组织的决定,突出反映民情民意,关心群众的政治、经济、文化和社会生活,突出对党员的吸纳和教育管理,执行党的纪律。

其次,在计划经济时期,基层党组织突出的是密切联系群众、组织领导和斗争功能。在中共八大通过的党章中,基层党组织的功能除了继续突出革命年代的三方面基本功能,开始强调基层领导功能、批判监督功能和斗争功能。尽管后来对中共八大的党章做了修改,但是,强调基层党组织的战斗堡垒作用,已经成为我党的优良传统,一直沿用至今。

再次,改革开放阶段,突出强调基层党组织的战斗堡垒作用、密切联系群众和党员教育管理功能,党的十四大修改的党章强调发挥党组织在企事业单位的"政治核心作用"。

最后,新时代,突出基层党组织的政治功能和服务功能。习近平总书记在党的十九大报告中指出,"要以提升组织力为重点,突出政治功能,……基层党组织建设成为宣传党的主张、贯彻党的决定、领导基层治理、团结动员群众、推动改革发展的坚强战斗堡垒"[①]。

---

① 习近平:《决胜全面建成小康社会 夺取新时代中国特色社会主义伟大胜利》,载《人民日报》2017年10月28日第1版。

这一新的功能定位在修改后的党章和《中国共产党农村基层组织工作条例》中得以鲜明地体现出来。

二、基层党组织的政治功能与服务功能的内涵和关系

通过对《中国共产党章程》和《中国共产党农村基层组织工作条例》的文本研读，笔者认为：基层党组织的政治功能可以总结为把握政治方向、贯彻落实党的路线方针政策、培养选拔干部、进行思想政治教育、严格党内生活五个大的方面；基层党组织的服务功能可以总结为服务改革开放大局、服务经济社会发展、服务改善和保障民生、服务基层群众的生产生活、服务党员五个方面。

更为重要的是，基层党组织的政治功能和服务功能是辩证统一的，不能割裂开来。"基层党组织是为实现党的政治任务而存在的，政治功能是党组织的首要功能。服务功能是政治功能的重要延伸，服务功能要体现政治属性，政治功能通过基层组织的服务功能得以实现。基层党组织的这种政治属性和服务功能的辩证统一的关系，既是由现代政党的运行特征决定的，更是由中国共产党自身的属性决定的。"[①]

三、新时代西藏基层党组织发挥政治功能与服务功能的重点

党的十八大以来，西藏全区各级党组织针对特殊的区情和当地面临的特殊任务，有针对性地强化基层党组织的政治功能和服务功能。

---

① 中国浦东干部学院课题组：《基层党组织的政治功能与服务功能关系研究》，载《党政论坛》2016年第8期，第16页。

首先,坚持思想政治教育优先。在西藏这一特殊的边疆少数民族自治区,在广大党员干部中深入开展思想政治教育是非常重要的。党的十八大以来,西藏基层党组织按照自治区党委的统一安排部署,深入扎实开展"两学一做"主题实践教育活动,使习近平新时代中国特色社会主义思想在广大党员干部和各族群众中入脑入心;深入开展"做合格党员、当先锋模范"教育、"四讲四爱"群众教育实践活动及争做"神圣国土的守护者、幸福家园的建设者"专题教育,讲清以习近平同志为核心的党中央对西藏各族人民群众的特殊关怀、特殊优惠政策,教育和引导广大农牧民群众明白"惠在何处、惠从何来",感党恩爱核心。

其次,重点宣讲政策法规,开展技能培训。针对西藏基层各族人民群众劳动技能缺失的状况,西藏各级党组织把宣讲党和政府的利好政策作为重点,有针对性地开展技能培训。扶贫必先扶志,否则,再多的扶贫投入也将面临脱贫后大面积的返贫。党的十八大以来,西藏全区启动"民情大调查、政策大宣讲、思想大提升、脱贫大比拼"专项行动,广泛开展"讲政策法规、教致富技术、帮困难群体、管赌博迷信"等活动,积极开展"脱贫致富,我要怎么办"大讨论。据报道,2018年,各级驻村工作队开展扶贫政策宣讲67.6万场,受教育群众304.6万人次;开展贫困村党员致富技能培训6827场,实现3.3万余人转移就业,增加现金收入11264.1万余元①。

再次,宣传马克思主义历史观、民族观、国家观、宗教观、文化观,以及唯物论、无神论,教育和引导广大人民群众理性对待宗教,不仅要自觉同十四世达赖集团划清界限,推动社会治理由"要我稳定"向"我要稳定"转变,而且要淡化宗教的消极影响,把群

---

① 参见王雨霏《强化党建引领 决胜脱贫攻坚》,载《西藏日报》2019年1月16日第1版。

众性的精神文明创建活动放在更加突出的位置，在"导"上下功夫，教育和引导人民群众过好今生的幸福生活，争做"神圣国土的守护者、幸福家园的建设者"。

复次，大力实施"党建+扶贫"工程，壮大集体经济。2016年以来，自治区党委和政府每年每村安排10万元党建工作经费和20万元强基惠民工作经费，发展壮大村级集体经济，年集体经济收入超过10万元以上的村居达到1074个；同时，用足、用好对口支援政策，实施"四个一"援藏民生工程和"十项精神文化援藏工程"，使基层的人民群众在家门口就能享受到祖国内地优质的文化、教育、医疗等公共服务。[①]

最后，通过持续实施强基惠民活动，向村居派驻第一书记，广泛开展"认亲结对交朋友"等活动，达到践行党的群众路线、宣讲党和国家的优惠政策、强健基层党政组织、脱贫攻坚、维护稳定、锻炼干部等多重目的。

综上所述，西藏基层党建取得巨大的成就，归因于以习近平同志为核心的党中央的坚强领导，在于自治区党委严格贯彻落实中央全面从严治党决策部署和从"治边稳藏"战略高度重视基层党组织的建设。这既为基层党组织今后的建设打好了基础，也提供了诸多宝贵的经验。与此同时，成就永远与问题同在。笔者通过对拉萨市、山南市、日喀则市、林芝市等地的调研发现，西藏全区基层党组织建设中仍然存在着问题，集中体现在以下几方面。

首先，推进基层党组织标准化建设方面仍需不懈努力。一方面，基层党组织标准化建设工作推进缓慢。各地市、县区党委都召开了专题会议，印发了工作推进方案，提出了明确的工作要求，但少数基层党组织没有及时贯彻落实，对如何创建标准化基层党组织无思

---

① 参见自治区创先争优强基础惠民生活动办公室《努力推动西藏组织工作迈上新台阶》，载《西藏日报》2019年1月6日第3版。

路、无安排、无实质性进展。例如，山南市通过与83位基层党组织书记、26位第一书记、90多位专职（兼职）党务工作者座谈了解到，仍有个别基层党组织书记和党务工作者履行第一责任不到位，嘴上说重视基层党组织标准化建设工作，但对工作开展情况不清楚、心里没谱、手中无招，导致全市基层党组织标准化建设工作推进缓慢。另一方面，一些基层党组织执行标准不严格。一些基层党组织对标准化建设内容理解有偏差，没有严格按照标准开展基层党组织各项工作。山南市在调研的13个软弱涣散基层党组织中，发现有4个党组织整顿提升工作存在敷衍现象，其查找问题不具体，措施不实，成效不明显，经过调查和走访了解到，仍有部分群众对党组织工作有意见。近70%的调研涉及的基层党组织发展党员全程纪实标准执行不严，仍存在程序不规范或缺少程序等问题，特别是普遍缺少上级党组织审批前谈话、集体研究等重要环节。个别基层党组织在流动党员管理方面方法不多、措施不实，对标准化要求执行不严，导致个别党员流出后无组织管理、无组织学习。个别基层党组织不严格执行按期换届选举要求，有的换届选举程序不规范，有的查找不到归档纪实材料。一些基层党组织没有严格按照标准开展党内组织生活，导致一些党内活动未能得到及时开展，甚至长期不开展。

其次，在基层党组织组织力建设方面还比较薄弱。通过与基层党组织班子成员座谈、走访群众了解到，个别农牧区基层党组织缺乏驾驭全局和处理复杂问题的能力，对农牧区基层党组织标准化建设工作理解不透彻，处理基层问题、带领基层发展的方法不多，成效不明显，在一定程度上影响了党组织在农牧区群众心中的良好形象，战斗堡垒作用发挥不突出。个别机关、事业单位基层党组织不注重自身建设，在单位发挥作用不明显，在机关干部的心目中更多的是组织会议、带领学习、开展活动，标准化建设要求的其他功能发挥很少。企业基层党组织领导核心作用发挥不突出，还存在弱化、虚化问题，在引领企业改革发展、参与决策企业重大事项方面还存在一些问题，远达不到标准化建设要求。具体来说，组织力建设方面存在的问题可以总结为以下六个方面。

在政治领导力方面，有的基层党组织和党员落实全面从严治党主体责任不够到位，"四个意识"并未真正入脑入心，在落实上级决策部署上，存在被动应付的问题；有的基层党组织对党建工作没有认真履行领导和指导责任，核心作用发挥不明显，引领能力不足；个别基层党组织推进党员政治教育工作不力，将之混同于普通党员教育，思想上没有高度重视。

在组织覆盖力方面，部分领域"两个覆盖"工作仍存在"空白点"和"盲区"。例如，拉萨市堆龙德庆区非公经济的党组织覆盖率仅为17.4%，部分基层党组织对城市新兴领域基层党建探索不深，城市社区治理机制不完善。

在群众凝聚力方面，有的村级组织活动场所出现"铁将军把门"现象，场所未能得到有效的利用，聚拢、团结群众的效用未能得到充分发挥；有的基层党组织活动载体不够创新、不够丰富，不能较好地贴合党员群众的工作实际，凝聚群众办法不多，党组织凝聚力不强。

在组织战斗力方面，部分基层党组织教育管理监督党员失之于宽、失之于软，培训党员不到位；有的党员对基层情况了解不全面，深入基层不够，联系服务群众较少，不能充分发挥党员的先锋模范作用。

在发展带动力方面，部分基层党组织面临"新办法不会用、老办法不管用、硬办法不敢用、软办法不顶用"的困境。在村集体经济发展壮大和带动群众致富上，思想保守，办法不多，缺乏大刀阔斧干事业的闯劲、拼劲。

在自我革新力方面，有的基层党组织开展党内政治生活不够严肃认真，批评和自我批评上存在不愿批评、不敢批评的现象，达不到"红脸出汗"的效果；有的基层党组织"三会一课"落实不到位，存在以会代课、以工作会议代替支部会议等问题。

再次，党员"两信"问题长期存在。"两信"问题，是指党员既信仰马克思主义，又信仰宗教；在单位信仰马克思主义，在家里信仰宗教；公开信仰马克思主义，背后信仰宗教；在岗时信仰马克思主义，退休后信仰宗教的问题。① 调查中发现，这一问题在西藏这一宗教文化氛围浓厚的边疆少数民族自治区长期存在，只是过去是半公开地存在，在全面从严治党的背景下，经过多方的努力，情况虽有很大的改善，但仍然以隐性的形式存在，尤其在农牧区党员中情况比较严重。

与该问题密切关联的是，一些党员干部把宗教信仰与民族风俗习惯混为一谈，不加区分地参与具有浓厚宗教色彩的民俗活动，并把参加这些活动视为尊重民族习惯的行为。

最后，农牧区基层党组织建设问题多。相比全区总体的情况，农牧区基层党组织建设中存在的问题更为突出，体现在以下四个方面。

基层党组织思想理论建设存在薄弱环节。突出表现在部分基层党组织"重业务、轻党建"，对政治理论学习抓得不够紧、方法不够多，组织党员学习政治理论仍停留在读文件层面，放松了对党员的学习要求。个别基层党组织政治领导作用发挥不够突出，导致部分党员政治理论水平不高，在增强"四个意识"、坚定"四个自信"、坚决做到"两个维护"方面还存在差距。

基层党组织干部队伍结构还需优化。突出表现为基层党组织干部总体文化水平较低、素质不够强、知识结构与实际工作匹配度不高，一定程度上制约了其带领群众谋发展、有效解决各种难题的能力。基层综合治理维稳压力大，而干部驻村工作占据了大部分的工

---

① 参见孙勇《维护西藏地区社会稳定对策研究》，西藏人民出版社2015年版，第456页。

作力量，导致在重要维稳节点上，部分基层党组织出现"无人办事"的现象，影响了服务水平和服务效能。

基层党组织软弱涣散的问题影响组织力提升。突出表现为个别县（区）对基层党建重部署、轻督导，软弱涣散基层党组织整顿工作抓得还不实，提出的方案针对性不强，整顿效果不明显。部分乡镇党委对软弱涣散基层组织整顿工作重视不够、督促指导力度不够，基层党组织的软弱涣散问题整改成效不显著。部分基层党务工作者身兼数职，多头兼顾，精力分散，影响履职的积极性；同时，职务调整、调动频繁，导致其对基层组织力提升工作抓得不实。

部分党员先锋模范作用发挥得不够明显。突出表现为有的党员淡化了自己的政治责任，放松了对自己的要求，将自己混同于一般群众；有的党员自身文化水平较低，且不注意学习和提高，知识面狭窄，不能适应新形势、新任务的要求；有的党员干部闯劲减弱，存在精气神不足、工作状态不佳的现象，导致在解决实际难题时，思路不清、办法不多、不会破题，甚至出现不愿做、不会做的现象。

第五章　西藏边境县农村基层党组织建设现状调查

2017年8月，笔者分别赴山南市洛扎县、错那县、隆子县、浪卡子县进行实地调研；2018年7月，分别赴林芝市米林县城、米林县南伊珞巴民族乡琼林村和里龙乡甲帮村进行实地调研，获得了丰富的第一手资料。作为补充调研手段，充分利用校友资源，通过电话、电子邮件、微信等形式，访谈了阿里地委、日喀则市委的有关同志，以及个别边境乡村的驻村干部和大学生村官；同时，认真翻阅了党的十八大以来，以《西藏日报》为主的新闻媒体所做的关于西藏基层党建的每一篇报道。通过实地调研、访谈和查阅新闻媒体的报道，笔者得知，西藏21个边境县的农村基层党组织建设与西藏全区的情况大体相同；同时，边境县由于特殊敏感的地理区位，面临着更为严重的反分裂、反"蚕食"斗争的任务，与"一江两河"河谷地带相比较存在更为繁重的推动经济社会发展的任务等特点，各边境县县乡党委及乡村党组织积极作为，将党的建设作为一项突出的政治任务来抓，创造性地开展"千里边境党建长廊"建设和"五型"党组织建设，深入推进党组织标准化建设工作，取得了系列性的成就。

第一节　阿里地区：弘扬"五种精神"，推进党建责任落实

阿里地区地处祖国西南边陲，西与印度、尼泊尔及克什米尔地区毗邻，有噶尔、日土、札达、普兰4个边境县，边境线长达1116千米，4个边境县下辖19个乡镇。其中，扎西岗乡、日土镇、日松乡、楚鲁松杰乡、达巴乡、萨让乡、底雅乡、普兰镇、霍尔乡、巴嘎乡这10个乡镇为边境乡镇。2018年8月，笔者通过电话访谈的形式，调研了阿里地区边境县农村基层党组织的建设情况①。据介绍，为深入贯彻落实党的十八大精神，全面加强新形势下阿里地区边境县、乡镇、村居党建工作，不断提升阿里地区基层党建工作科学化水平，阿里地委组织部专门下发了《关于加强边境地区党建工作的意见》。《关于加强边境地区党建工作的意见》规定，以加强边境地区党的执政能力建设、先进性和纯洁性建设为主线，以"强组织、建队伍、促发展、保稳定"为主要内容，以"固边、兴边、稳边"为主要目标，围绕中心、服务大局，把握重点、突破难点，改革创新、注重实效，切实把阿里地区边境县农村基层党组织建设成为维护稳定、推动发展、促进团结、改善民生、服务群众的坚强战斗堡垒，把边境地区党员干部培养成为凝聚各族群众的主心骨，形成建设边疆、稳定边疆、繁荣边疆的钢铁长城。阿里地委在实践中的一些措施和做法也以新闻报道的形式刊发在《西藏日报》2018年12月28日第4版上②，其主要的做法与成效如下。

---

① 资料来源于笔者2018年8月的电话访谈。资料编号：A-20180801。
② 参见肖涛、谭主峰《标准化党建引领事业阔步前行》，载《西藏日报》2018年12月28日第4版。

一、以红色教育为重点,大力推进党员教育标准化

阿里地区是西藏全区红色资源较为丰富的地市。党的十八大以来,阿里地委大力挖掘本地的红色资源,打造了"两址"(阿里分工委旧址、先遣连遗址)、"一园"(烈士陵园)、"一馆"(孔繁森纪念馆)和"一站"(泉水湖检查站)5个党员红色教育基地。通过以上的红色教育基地,对广大党员干部、群众进行革命传统、理想信念、艰苦奋斗、党的宗旨和作风教育,着力弘扬"老西藏精神""两路精神""孔繁森精神""先遣连精神"和新时代"阿里精神"这"五种精神"。搭建了依法治国讲坛、从严治党讲坛、生态文明讲坛等理论学习品牌和"党员小书包"手机 App,让党员"走到哪儿,学到哪儿";同时,各县乡普遍建立电化教育课堂,依托地委党校、党员电化教育中心等相关单位开展远程授课、网络课件等多种形式的远程教育。

二、实施"五步考核法",大力推进责任落实

近年来,阿里地委根据本地实际,实施日考勤、周纪实、月晒账、季考评、年考核"五步考核法"。地委书记履行第一责任人职责,定期主持地委会、书记办公会、书记专题会、领导小组会议,定期调研基层党建,推动地县两级四大班子抓好分管领域党建工作;组织部部长履行牵头抓总职责,落实党建项目,督查各基层党组织的制度落实情况。更有特色的是,阿里地区上至地区党委,下至乡村党组织,抓紧党的建设制度改革主线,坚持"一支部一方案,一问题一对策"原则,加大对末端(最基层、最偏远地区的党组织)、末位(完成任务、落实责任排在末位的党组织)党组织的组织生活管理力度,督促党组织、党员整改软弱涣散等问题,对15个村级软

弱涣散基层党组织进行整顿,强化反向激励,规范基层组织运行。

三、建章立制,推进基层组织标准化

阿里地委按照务实、管用、简便的原则,制定《阿里地区干部日常考核工作实施办法》等干部工作相关制度36项、《阿里地区机构编制核查暂行办法(试行)》等机构编制相关制度7项、《关于进一步加强基层党组织能力建设的意见》,以及《党员干部十条行为准则》、"三会一课"等基层党组织相关制度28项。这些规章制度的出台,目的是以基层党建标准化为抓手,深入推进"五型"基层党组织建设。据报道,近年来,阿里地区整合资金3.4亿元,推进村级组织活动场所标准化建设,在落实以奖代补资金600万元的基础上,筹集资金3000多万元,分区域、分类别统筹推进120个机关党组织活动场所标准化建设,并对每个基层党组织和党员进行严格的考核。

四、实施党建与扶贫开发"双推进"工程,大力推进"两个覆盖"标准化

近年来,阿里地区大力实施党建与扶贫开发"双推进"工程,让党员在脱贫致富的基础上帮扶群众脱贫致富。派遣党员担任农牧区经济合作组织指导员,采取"支部+公司+协会(合作社)+农户"等形式,积极争取派驻单位和社会力量的支持,推动更多的资本、技术、人才等要素向农牧区流动,帮助发展特色优势产业65个,带动群众年人均增收6000余元。截至2018年年底,阿里地区累计减少贫困人口2489户8943人,噶尔县和37个村居达到脱贫标准,实现脱贫摘帽。同时,组建"先进双联户"、"红袖标"队、护村队、民兵队、治保组织500余个,全面协助做好重点领域、重点人员管控

工作，主动化解和处理各级各类社会矛盾纠纷2000余件。①

第二节 日喀则市："四个突出、一项标准"

日喀则市下辖亚东、聂拉木、定日、定结、萨嘎、康马、吉隆、仲巴、岗巴9个边境县。9个边境县下辖77个乡镇（其中，边境乡62个）、550个村居，边境线长1753千米。截至2017年年底，日喀则市9个边境县共有基层党组织1084个，其中，党委（党组）123个，党总支15个，党支部946个。党员18989名，其中，农牧民党员10707名，占党员总数的56.39%。2018年8月，笔者通过电话、微信的访谈方式，调研了日喀则市边境县农村基层党组织的建设情况。其特色可以总结为"四个突出、一项标准"②。具体情况如下。

一、突出加强农村基层党组织建设

党的十八大以来，日喀则市委采取切实措施，强化农村基层党组织在基层的领导核心地位，紧紧围绕维护祖国统一、加强民族团结这个着眼点和着力点来谋划、统筹和落实，努力把农村基层党组织建设成为坚决反对分裂、维护基层和谐稳定的"领头雁"，团结带领群众脱贫攻坚、增收致富的"开路人"，以及关心群众疾苦、为群众排忧解难的"贴心人"。

首先，创新完善农村基层党组织设置。在有党员50～100人以上的34个村居，分别成立了33个党总支和1个党委，近1万个"先

---

① 参见肖涛、谭主峰《标准化党建引领事业阔步前行》，载《西藏日报》2018年12月28日第4版。
② 资料来源于笔者2018年8月份的调研访谈。资料编号：R-20180801。

进双联户"单元全部建立党组织,在放牧点和虫草采挖点集中建立了临时党支部,党的触角延伸到基层的最小单位,做到了有人群的地方就有党员,有党员的地方就有党的组织,有党组织的地方就有党的活动。

其次,有效整顿软弱涣散农村基层党组织。各边境县乡党委坚持长期抓、经常抓、深入抓农村基层党组织建设,突出"听党指挥"这个标准,按照不低于10%的比例,结合村居"两委"班子考核激励工作,对农村基层党组织进行末位倒排、集中整顿。针对吉隆县和聂拉木县地震后的重建、脱贫攻坚、重点项目建设等领域,对发挥作用不好、不作为、慢作为、乱作为的农村基层党组织,按照"一村一策"的要求,深度查找原因,建立工作台账,细化整顿措施,并根据"病因"开展结对共建,不转化不脱钩、不升级不销号,促进其全面转化升级。

最后,着力强化农村基层党组织的政治功能和服务功能。近年来,日喀则市边境县乡党委有针对性地强化主题实践教育活动,组织群众深入揭批达赖集团的真实面目,坚决与其划清界限,使党的理论、路线和方针政策真正走进群众心中,让边境地区群众坚定不移地感党恩、听党话、跟党走。持续深化干部驻村驻寺、"先进双联户"创建评选、"党员干部进村入户、结对认亲交朋友"和党员志愿服务活动。9个边境县1100多个党员志愿服务队围绕扶贫助困、环境美化、助学帮教、文化娱乐、执勤巡逻等内容,每月开展两次以上的志愿服务活动,帮助边境县困难群众解决实际问题,把群众凝聚在党组织的周围,打通了密切联系群众、服务群众的"最后一公里"。

二、突出农村基层骨干队伍建设

近年来,日喀则市委及各边境县乡党委着力在"选、培、育"

上下功夫，求实效，切实加强农村基层骨干队伍建设，着力打造了一支政治立场坚定、素质较高、结构较为合理、群众认可度较高、能够适应当地经济社会发展需要的农村基层骨干队伍。

首先，严格把控"入口"关。始终把加强边境县乡干部队伍建设、配好班子、选好"班长"作为加强农村基层组织和政治建设、巩固党的执政基础的头等大事来抓，突出政治标准，拓宽选人渠道，真正把政治素质好、有群众基础、有科学文化知识、有致富带富能力、愿意为群众服务的党员或预备党员选进村居"两委"班子。以2014年村居"两委"换届为契机，坚持标准，严把质量，不断建强村干部队伍。同时，做好干部储备工作，按照村居正副职1：2、"两委"班子成员1：1、妇女同志不少于1名的标准，建立了一支相对稳定、质量较好的后备干部队伍。

其次，全面实施"双提工程"。在提高村居干部报酬待遇方面，严格贯彻落实《西藏自治区人民政府关于调整村干部基本报酬和业绩考核奖励标准的通知》（藏政发〔2014〕15号）文件要求，大力实施村居"两委"班子考核激励办法，在财政十分困难的情况下，2014年、2015年，市县两级财政分别投入3200万元、3910万元，强化对村居"两委"班子的激励。鼓励和支持村干部购买城乡居民养老保险，财政按照1：1进行补贴，确保村居干部退职有保障。在提升乡村干部素质方面，实施了"万名村居干部文化素质能力提升工程"，把村居"两委"班子成员、第一书记、大学生村官全部纳入素质能力提升对象。培训聚焦农村基层党建热点、难点问题。建立"万名村居干部文化素质能力提升工程"训练营，根据党支部书记岗位职责，将政治建设放在首位，聚焦加强支部书记政治引领能力建设，共设党性教育、反分裂斗争教育、乡村社会治理、现场教学、如何当好党支部书记等五大模块，引导党支部书记牢固树立"四个意识"，增强"四个自信"，帮助党支部书记理清思路、查找不足、明确措施。①

再次,不断充实农村基层力量。近年来,日喀则市委不折不扣地贯彻落实自治区党委关于抓农村基层打基础的一系列务实之举、长远之策,做好第一书记、大学生村官选派工作。结合村居实际,精准选派1607名第一书记、488名大学生村官到村居任职。其中,边境9县村居第一书记439名,占总数的27.32%;大学生村官189名,占总数的38.73%。

最后,持续强化监督管理。严格落实村干部坐班值班制度,每天至少安排1名村干部值班,重要、敏感时段至少安排3名村干部值班,每周固定1天集中办公,确保村居干部"在其位,谋其政"。建立村居干部经济责任审计机制,由各县区纪委牵头成立审计组,选择至少10%的村居,对村居党支部书记、村居委员会主任进行经济责任审计。按照每村居不少于3人的标准配齐配强1673个村居村务监督委员会,全面实施村居党务、村务、财务公开,认真落实村居重大事项"四议两公开"工作法,推进村居事务规范化管理。完善村居干部动态调整机制,对群众满意度低,在岗率差,搞内耗,具有严重的宗族、家族观念,发挥作用不充分,不讲民主,发展党员质量把关不严的村居"两委"班子成员及时进行调整和撤换。

三、突出加强农村基层基础保障

以提升农村基层组织办事能力和基层干部服务意识为目标,强化投入保障。一方面,加大配套资金投入。日喀则市克服行政区划大、县乡多、财政紧张的困难,将2015年市级财政配套资金1086万元分别用于乡村组织工作经费215万元和离任村居干部一次性补贴

---

① 参见张林《架构严 内容新 方式活 评估实——日喀则市探索基层干部教育培训新途径》,载《西藏日报》2018年7月24日第5版。

871万元。2015年、2016年市级财政共计配套3000多万元，用于村居干部基本报酬和业绩考核奖励资金。同时，以市级配套资金200万元、县级财政投入不低于30万元的标准，列入"万名村居干部文化素质能力提升工程"，用于保障村居干部教育培训工作。另一方面，日喀则市委组织部牵头，市发改委、住建局、财政局、原土地局等部门积极协调，多次深入农村基层一线调研论证，区分区域特点，综合考虑村居经济社会发展、人口规模、地理交通条件等因素，按照占地面积不低于1000平方米、建筑面积不少于500平方米的标准和"八室一超市一广场"基本布局，突出地标性、实用性、便利性、功能性，科学制定《村级活动场所标准化建设设计方案》，分步骤实施村级活动场所标准化建设。

四、突出实施农村基层党组织"八个标准化"建设

为了深入推进基层党建标准化工作，达到"五型"基层党组织的建设目标，日喀则市委研究制定了《关于推进基层党组织标准化工作有关问题的通知》和《关于进一步规范基层党组织设置的通知》。根据文件要求，对标标准化的指标体系，实行销号管理，进行严格的考核。据《西藏日报》报道，2018年以来，日喀则市先后派出10支督导组，对18个县区36个乡镇90个村居和6个行业系统15个基层党组织开展调研，发现共性问题17条，目前已全部整改完成。①

---

① 参见张斌《日喀则市针对性建设标准化基层党组织》，载《西藏日报》2019年1月4日第5版。

第三节 山南市：打造"千里边境党建长廊"

山南市共有错那县、洛扎县、隆子县和浪卡子县4个边境县，4个边境县下辖38个乡镇，其中，边境乡镇23个，边境线长630多千米。2017年8月，笔者赴山南市实地调研访谈农村基层党组织建设问题。①

党的十八大以来，山南市坚持把农村基层党组织建设放在突出位置，结合学习实践"两学一做"等主题实践教育活动和社会主义新农村建设，在边境地区以打造"千里边境党建长廊"为载体，大力加强边境村居党支部建设，将党组织建设到了边境放牧点、虫草贝母采挖点，充分发挥边境地区党员在维护国家安全和领土完整中的重要作用，取得了较好的成效。

一、落实党委的主体责任，抓好农村基层党建工作

党的十八大以来，山南市迅速完善党建工作机制。在边境地区及人口较少的民族聚居区，山南市各级党组织层层成立了以党组书记为组长、相关部门负责人为成员的基层党建工作领导小组，下设办公室，明确专职人员负责统筹协调工作。健全落实党建工作领导小组议事规则和基层党建工作联席会议制度，每年召开至少2次以上的党建工作会议，专题研究基层党建工作难点问题，及时制订基层党建工作长期规划和年度计划，确保基层党建工作有安排、有部署。通过层层签订《基层党建工作责任书》，明确抓基层党建工作目标责任，构建责任明确、运转有序、常抓不懈、保障到位、充满活力的

---

① 资料来源于笔者2017年8月份的调研访谈。资料编号：S-20170801。

党建工作责任体系。同时，山南市委、各边境县乡党委强化对农村基层党组织的业务指导与督促检查，采取季度考核、专题汇报、实地督导等形式对所属党组织党建工作开展情况进行指导。农村基层党建工作联系点制度得到有效落实，领导干部深入农村基层党组织，指导党建、经济、综合治理等工作的力度不断加大，有力地推动边境地区及人口较少的民族聚居区各项目标任务顺利进行。

二、大力推进服务型农村党组织建设

以"六有"为目标，深入开展农村基层服务型党组织创建活动，基层党组织在强化服务中更好地发挥领导核心作用和政治核心作用。目前，边境地区乡镇、村居便民服务中心（站点）建设有序推进，服务清单和工作流程逐步完善，办事效率大幅提高。在此基础上，持续抓好软弱涣散农村基层党组织整顿工作。各边境县乡党委认真落实《山南市基层党组织晋位升级工作办法》，采取"领导干部联系抓、组织部门牵头抓、驻村单位协助抓、党委书记主要抓、支部书记具体抓"的工作方式，对边境地区及人口较少的民族聚居区各农村基层党组织进行分类定级、末位倒排，滚动开展软弱涣散基层党组织集中整顿工作，确保农村基层党组织每年有新的提高。在全面落实乡镇、村居、寺管会三个组织"十个一"（即召开一系列联席会议、上一堂联合党课、参观一批党建示范点、结成一批友好支部、组织一批联谊活动、慰问一批困难党员、打造一批致富项目、组建一批农牧民专业合作社、共建一批产业示范基地、成立一批治安联防队伍）工作法等一系列加强农村基层党建工作制度的基础上，以规范基层权力运行为目标，大胆尝试、开拓创新，进一步完善以农村基层组织民主议事、民主决策、民主理财、民主监督等为主要内容的工作制度。

三、狠抓农村基层组织队伍建设，发挥党组织和党员干部的先锋模范带头作用

针对边境地区农村基层的实际情况，进一步巩固边境地区乡镇党政正职"一藏一汉"配备格局，乡镇领导班子结构更趋合理。从地市、县、乡选派228名机关干部到边境地区及人口较少的民族聚居区村居党组织任职，稳步实施"一村一名大学生村官"计划，不断助力村居发展。大力开展从优秀村居党支部书记中选拔乡镇公务员工作，加强已选拔为乡镇公务员的优秀村居党支部书记的管理，切实发挥其作用。加强村居"两委"班子管理，按照1∶2的比例健全充实村居后备干部库，确保各村居至少都有4名后备干部，其中，至少有1名妇女干部。加强党员发展教育管理，按照市委要求制订具体的发展党员计划，严格发展党员工作程序，控制总量、保证质量，严把党员"入口"、疏通党员"出口"，保持党员队伍的纯洁性。层层制订基层干部、党务工作者、党员培训计划，不断加大投入，整合涉农涉牧部门及群众性团体组织等培训资源，分期、分批、分层次抓好培训，提升党员干部队伍的综合素质与能力。规范整理农牧民党员档案，扎实推进处置不合格党员试点工作，为下一步全面推开工作提供实践经验和参考借鉴。最终的目的是发挥党员干部的先锋模范作用。边境地区及人口较少的民族聚居区普遍开展"党员公开承诺""结对认亲"和"无职党员设岗定责"等活动，党员先锋模范作用得到充分的发挥。及时足额发放"三老"人员补助，规范党内激励、关怀、帮扶资金的使用，定期走访慰问困难党员，让党员群众时刻感受到组织的温暖，坚定跟党走的信心。

四、加大资金投入，突出农村基层党组织的政治功能和服务功能

山南市各边境县农村基层党组织能够认真贯彻落实区委、市委出台的各项政策，严格执行基层干部增资标准，落实村居民小组报酬待遇，调动基层干部工作的积极性。不断加大本级财政投入力度，提高基层党建工作经费标准，确保村级组织正常运转。坚持科学规划、超前谋划，整合资源、加大投入，规范硬件建设、强化服务功能的原则，按照高标准、高起点、多功能、有特色的要求，先后投入资金7722.8万元，组织实施了17个村级组织活动场所标准化建设工程、1个基层政权建设示范点和1个生态文明小康示范村建设；投入资金732余万元，实施了22个边境村民小组活动场所建设项目，不断夯实党在边境地区及人口较少的民族聚居区的执政基础。在农村基层党组织的带领下，村集体经济不断壮大。按照"一村一策"或"一村多策"的要求，各级党组织整合力量和资源，加大政策、项目的倾斜力度和村居人才的培养力度，健全帮扶工作机制，大力发展村级集体经济。目前，大部分边境地区及人口较少的民族聚居区村居的集体经济收入能够达到2万元以上。

山南市的基层党建工作成效较为突出。2018年1月，中国西藏新闻网就此进行了专题报道①；2018年7月，《西藏日报》以"党旗飘扬映雅砻——2017年西藏山南市党建工作综述"为题进行了报道分析②；2018年12月，《西藏日报》再次对山南市基层党建工作进行

---

① 参见段敏《山南市强力推进党的建设：新的伟大工程推动伟大事业》，中国西藏新闻网，2018年1月10日，见http://www.xzxw.com/xw/xzyw/201801/t20180110_2087717.html。

② 参见刘枫《党旗飘扬映雅砻——2017年西藏山南市党建工作综述》，载《西藏日报》2018年7月12日第11版。

了报道①。

第四节　山南市洛扎县：抓党建"六大工程"

"洛扎"，藏语意为"南方悬崖"。洛扎全县边境线长270千米，与不丹有580平方千米的争议地区，是山南市的4个边境县之一。洛扎县下辖7个乡镇，其中，色乡、边巴乡、拉郊乡、拉康镇、生格乡、扎日乡6个乡镇为边境乡镇。2017年8月，笔者赴洛扎县进行了实地调研。② 山南市洛扎县农村基层党组织建设的特色在于抓"六大工程"，深入推进"千里边境党建长廊"创建活动，以期实现强组织、建阵地、促发展、聚人心、固边境的目标，为建设"四地两屏障"和实现"六个表率"提供坚强的组织保证和动力支撑。

一、狠抓"组织强边"工程

农村基层党组织是党农村工作的基础和基层的领导核心。洛扎县坚持抓基层、出实招、打基础，促使每个农村基层党组织都成为坚强的战斗堡垒。

首先，强化农村基层党组织的思想政治建设。洛扎县深入开展中国特色社会主义共同理想、共产主义远大理想、社会主义核心价值观、"中国梦"和道德品行学习、反分裂斗争等教育，通过开展党的群众路线教育实践活动、"三严三实"专题教育、"两学一做"学习教育、"四讲四爱"教育和争做"神圣国土的守护者、幸福家园的

---

① 参见王雨霏《扬帆破浪正当时　党旗飘扬谱新篇——山南市2018年上半年基层党建工作综述》，载《西藏日报》2018年12月27日第6版。

② 资料来源于笔者2017年8月份的调研访谈。资料编号：S-20170802。

建设者"教育等专项主题实践教育活动,进一步增强了全体党员的政治意识、大局意识、核心意识、看齐意识。

其次,强化农村基层党组织的规范化建设。根据业务性质相近、机关单位就近就便、党建与业务相促进的原则,调整县机关和村居党组织设置形式;广泛推行"十个一"党建基础工程,组建互联网党工委,规范非公经济党工委工作;以县乡换届为契机,配齐配强党组织领导班子,健全"一评三述"、诺言跟踪等制度,大力推行村级后备干部"双培双带"机制,实施村居年度目标考评,提升乡村两级工作科学化、规范化水平。

再次,强化农村党建示范点建设。坚持培养、选拔、树立、学习和推广各环节有机结合,切实加强乡镇、村居、寺管会、学校和机关党建示范点建设,明确示范重点,发挥辐射带动作用,着力打造"一点一特色""一点一品牌"。

最后,强化农村基层党组织的服务功能建设。建立并完善覆盖全方位、涉及各层次的"三级"党员联系服务平台(在乡镇设立党员服务中心,在村居设立党员服务站,在村小组设立党员服务点);搭建"三级"党建工作交流微信群(县级、乡镇级和村级分别建立),并通过明确微信群职责、完善群成员档案、建立群工作台账,实现党建工作信息共享、快捷交流、互相借鉴、共同提高;建立"四级"党员联系服务卡(为每个村居分别明确各自的县级联系干部、县直联系单位科级干部、乡镇包村领导干部和村干部),实行量化管理,加强党员服务过程管理,确保党群干群关系"水到渠成"。同时,大力实施人才维稳工程,不断优化拴心留人、干事创业环境。

二、狠抓"政策扶边"工程

边疆稳,则全市全区稳。近年来,洛扎县委认真梳理中央、自治区、山南市给予边境高寒地区的特殊惠民政策,对财税转移减免、投资与资金支持、金融扶持、人才支撑保障及对口支援等方面的特殊惠民政策进行归类、细化，主动同自治区和山南市相关部门对接，明确每一项政策的具体要求。在摸清家底的基础上，明确专人，落实责任，确保自治区、地市、县各项优惠政策和援藏资金全部到位，用足用好特殊优惠政策。党的十八大以来，共落实各项惠民资金2.9亿余元。在此资金支持下，普惠性边境一、二线居民补助分别从1400元提高到1700元、从1200元提高到1500元，让群众共享更多的发展成果。

与此同时，不断加大资金投入，完善农村基层基础设施，着力改善农村基层办公条件。结合扶贫开发政策、固边富民政策，全力支持易地搬迁、党组织覆盖工程，2017年，在边境放牧点、控制薄弱区、通外山口巡逻点设立3个基层党组织，并加大基础设施建设力度。

三、狠抓"产业兴边"工程

"产业兴边"既是国家民族事务委员会牵头的兴边富民行动的重要内容，也是农村基层党组织发挥服务功能的重要途径。党的十八大以来，洛扎县积极探索建立"党建带经济"工作模式，大力发挥农村基层党组织在经济发展中的引擎作用，将兴边富民与农村基层党组织建设工作有机结合。

一方面，洛扎县着力建立"乡镇党委＋产业项目"模式和"村（社区）党支部＋产业合作社＋农户"模式。乡镇党委根据市场需求、本地资源禀赋和特色优势、对口支援优惠政策等，做好产业项目的规划和政策设计。乡镇党委委员作为联系员具体落实项目，大力发展特色种养、特色加工项目，努力实现"一乡一策"。在此基础上，村居"两委"着力搭建农村增收平台，通过村"两委"班子成员在产业合作社党小组任组长，在合作社内把致富能手、思想先进的农牧民发展为党员,从而实现党组织领导、党员做表率的目的,在合作社内解决贫困户就业问题,增加工资性收入,实现产业扶持到户到人,经济效益惠村惠民。

另一方面,着力打造"次麦模式"升级版①。以整合生产要素、村委统筹安排、村民互助互利的"次麦模式"为基础,按照领导班子坚强有力、党员队伍富有活力、资源优势充分发挥、工作机制健全完善、各项工作成效明显、工作实绩群众公认的工作目标,力争实现村村选好班长、建好班子、制定好发展思路、用好经验、执行好任务,实现强健党的农村基层组织、兴边富民、边疆稳定等多重目标。

四、狠抓"惠民富边"工程

洛扎县坚持以加强基层建设、维护基层稳定、促进基层发展为主题,以密切党同人民群众的血肉联系为核心,深入推进创先争优、强基惠民活动。近5年来,投入资金2000多万元,为群众办实事、解难事。针对当地公共服务资金短缺,公共服务不均衡现象严重,尤其是在教育、医疗卫生等民生领域的短板,洛扎县委、县政府按照中央第六次西藏工作座谈会精神和自治区第九次代表大会精神,每年整合资金3000余万元,用于基础教育、公共文化、医疗卫生、社会保障、扶贫开发、就业等民生领域,办好"十件实事",努力实

---

① 次麦居委会是洛扎县洛扎镇的一个乡村。1999年之前,次麦居委会是洛扎县众人皆知的穷村子,村民人均年收入不足800元,人均存款几乎为零,村容村貌给人的第一印象是脏、乱、差。1999年,在仁增群培和旺堆带领的次麦村"两委"班子上任后,次麦居委会解放思想、大胆改革,整合生产要素,不断探索农牧业生产经营方式、劳务输出和集体经济发展路子,取得了骄人的成绩。洛扎县委、县政府及山南市委、市政府认为,次麦居委会已形成了整合生产要素、村委统筹安排、村民互助互利的"次麦模式"。这种模式搞活了农牧业生产经营方式,形成了劳务输出管理激励机制,凸显了发展集体经济敢闯敢干、共建共享的做法。

现义务教育均衡发展、公共文化服务体系创建等重大民生工作，促进社会事业长足发展；深入推进机关干部进村入户，结对帮扶解难解忧活动。该活动实施以来，党员干部结对认亲近 1000 余户，发放慰问金共约 100 万元，解决了帮扶户实际生产生活的困难。在职党员进村居报到服务活动中，590 名在职党员到 26 个村居报到服务，认领 630 个服务项目，结对帮扶 623 对，解决实际困难约 300 件；深入推进兴边富民行动，严格落实精准扶贫工作，大力实施农牧民增收举措，在全县总结推广洛扎镇次麦居委会建立农牧民互助组织发展集体经济、增加群众收入的"次麦模式"先进做法。

五、狠抓"维稳固边"工程

为了能够切实维护边疆地区的和谐稳定，守护好祖国的西南边疆，洛扎县农村各基层党组织深入开展国防教育活动，进一步激发党员、群众的爱国热情，进一步增强了党员、群众的爱国守土意识。洛扎县党委紧紧围绕推进边境地区和谐稳定、促进边民群众脱贫增收的总要求，努力构建经济发展、社会和谐、人民富裕、边境和谐新格局，采取"一二三四"工作法（即早开局，科学导向"一条线"；抓关键，立体联防"两手硬"；谋创新，主动作为"三步走"；重民力，筑牢固边"四道关"），扎实推进固边富民工程，认真落实维稳责任，确保边境一线持续和谐稳定。坚持人民战争理念，注重发挥基层党组织的第一道防线和战斗堡垒作用及党员的先锋模范和示范带动作用，切实增强政治意识、大局意识、核心意识、看齐意识，认真履行职责，形成了一个基层党组织一个战斗堡垒，一名党员一面先锋旗帜，农牧民群众人人争当哨兵的边境管控人民战争格局，有力地确保了洛扎边境的安宁。

六、狠抓"共建促边"工程

争取县委、县政府的全力支持,建立健全共建促边机制,实施共建促边"十个一"措施,做实党建共抓、资源共享、民生共享、文化共融、美丽共创,发展联谋、活动联谊、党员联培、信息联通、平安联创的"五共五联"工作,打造共建亮点。

首先,通过建立县级定期汇报、检查、考核制度等,定期召开党建研讨会,组织开展流动党课、党组织互访互学等活动,加强工作交流。

其次,充分利用县、乡镇、村三级综合服务场所,远程教育网络等平台,通过联合举办党员培训、互相交流党建信息等活动,有效开展政策咨询、农技知识交流、创业就业等活动,实现党建、技术等资源共享。

再次,通过组建党员志愿者互助服务队,深入开展结对帮扶、为民服务全代理等活动,为广大群众办实事、解难事,为他们提供信息咨询、法律指导等服务,切实维护群众的切身利益。

复次,充分发挥党团组织力量,深入开展矛盾联调、治安联防、工作联动、平安联创、保边共守等活动,团结一切可以团结的力量,维护社会稳定,促进和谐发展。

最后,创新开展社会主义核心价值观进校园活动,坚持将社会主义核心价值观融入校园文化、融入课堂教学、融入社会实践、融入制度建设,以党团共建为引领,全面做好党建带群建工作。

2016年10月,山南网就洛扎县深入推进基层党建"六大工程"工作进行了报道。[①] 2017年12月,《西藏日报》对山南市洛扎县基层

---

① 参见尼玛顿珠、边次《洛扎实施"六大工程"党建边境长廊建设成效显著》,山南网,2016年10月24日,见http://www.xzsnw.com/gov/sndj/119092.html。

党组织建设情况做了专题报道。报道认为，山南市坚持屯兵与安民并举、固边与兴边并重，大力实施"固边安民兴边富民四年行动"，团结带领边境地区群众着力打造边境安全屏障、幸福美丽小康示范区，奏响了一曲曲发展稳定的和谐曲。①

第五节　山南市错那县：打造党建"红色桥头堡"

错那县位于西藏自治区南部、喜马拉雅山脉东南，东接印占珞瑜地区，西邻不丹王国，南与印度接壤，是西藏自治区的重要边境县之一。全县边境线长268千米，其中，中印边境线长213千米，中不边境线长55千米。全县总面积35191.23平方千米，包括印占"麦克马洪线"以南的门隅地区；现实际控制面积约10094平方千米。截至2018年年底，错那县共辖1镇9乡，其中，库局、曲卓木、勒乡、贡日、吉巴、浪坡、觉拉、卡达、错那9个乡镇为边境乡镇。2017年8月，笔者赴错那县进行了调研。②党的十八大以来，错那县委高度重视农村基层党组织建设工作，专门制定了《错那县深化打造红色桥头堡　加快推进边境党建长廊建设步伐的实施方案》（错党建办〔2016〕12号），着力打造"六堡"（"组织固堡""阵地守堡""制度强堡""效能廉堡""活动活堡""产业富堡"）农村基层党组织建设特色。

一、深化"组织固堡"工程建设

首先，进一步规范已建立的边境放牧点4个临时党支部、9个党

---

① 参见段敏《党的光辉照边疆——山南市固边富民工作综述》，载《西藏日报》2017年12月8日第1版。

② 资料来源于笔者2017年8月份的调研访谈。资料编号：S-20170803。

小组工作运行机制，健全工作台账。

其次，进一步健全10个乡镇机关支部、24个村居党支部、3个寺管会党支部、22个县直机关支部、8个小学党支部、6个非公经济党支部、55个村民党小组的工作职责。

再次，进一步理顺驻村工作队、选派干部、村居第一书记、大学生村官之间的工作关系，发挥各组织之间的协同功能。

最后，进一步健全村务监督委员会、团支部、妇代会等村级配套组织工作运行机制。

二、深化"阵地守堡"工程建设

按照建设标准化、投入多元化、管理规范化、使用综合化的思路，继续实施曲卓木、洞嘎、郭麦、曲那、羊堆、吉巴、贡日、勒村、让村等10个村居组织活动场所标准化建设工程；对24个行政村居配备标准化设备，满足村居办公条件；制定和下发《党组织组织活动场所管理使用办法》，用活、用好村级活动场所。整合各项经费，建好4个边境放牧点党组织活动阵地，健全工作机制，严格党内生活，改善党员的工作、生活条件，进一步建强边境放牧点党组织。进一步规范县直机关支部活动室，科学合理地设置活动室内部上墙资料。

三、深化"制度强堡"工程建设

首先，深化落实发展党员、"三会一课""四议两公开"工作法、党员志愿服务、无职党员设岗定责、党员公开承诺、党员民主评议、民主生活会、组织生活会、"三务"公开等基本制度。

其次，深化落实党建联系点、党建调研、党建领导小组专题会议、党建工作月安排、季度通报、季度听取汇报、年中专项督导、年终跟班检查、全面验收、"黑名单"等制度。

最后,深化落实干部设岗定责、结对帮扶、请销假等考勤制度,以及培训跟踪管理等制度。

四、深化"效能廉堡"工程建设

首先,在全县机关党支部中开展"党员点亮群众微心愿"活动,通过群众"亮"(亮出困难问题)、党员"认"(党员认领工作任务),发挥机关党员自身特点,解决群众最细微处的困难。

其次,结合"两学一做"学习教育,在全县党员中开展爱岗奉献、点赞评优活动,实现组织考评有依据、党员争优有动力,刷新党员形象的目标。

最后,结合在职党员到村居报到服务活动,组建党员志愿服务队,开展组团式服务群众活动。

五、深化"活动活堡"工程建设

首先,开展党建指导员、党建专职信息员、党建宣传员"党建三员"选聘活动。从各基层党组织中选聘熟悉党建业务的党员干部担任党建指导员、党建专职信息员、党建宣传员,并颁发聘书,对表现优秀者给予一定的物质奖励。

其次,开展百名村居干部文化素质提升活动。通过集中培训、开办夜校等方式,全面提高全县村居干部、村居"两委"后备干部、"先进双联户"户长的基础文化水平。

最后,开展党建业务师资培训、党建知识竞赛等党建专项活动,全面提高全县党组书记党建业务能力,增强党组书记党建"第一责任人"的意识。

六、深化"产业富堡"工程建设

首先,坚持以民为本、为民解困、为民服务的原则,积极扩大"藏青2000"和"山油2号""藏油5号"等良种的播种面积,积极培育和壮大奶牛、藏鸡等特色养殖业,加快打造勒布速溶茶、转经筒等特色产业品牌,创新旅游业发展手段,促进群众增收。

其次,按照围绕党建抓发展,抓好党建促发展的思路,以经济社会发展与党的建设工作相结合的原则,认真落实扶贫开发举措,研究制定"一乡一策""一村一品"增收办法,拓宽农牧民增收致富渠道,推动边境地区加快发展,促进党建服务民生。

最后,落实《山南市扶持发展村集体经济暂行办法》,通过持续扶持,到2017年,实现全县村级集体经济收入3万元以上。

2017年6月,自治区党委副书记、区人大常委会主任洛桑江村同志于12日至13日在山南市错那县边境一线进行乡村调研时,高度肯定了错那县"六堡"农村基层党建工作。[①]

第六节 山南市隆子县:开展党建"六六五"模式

"隆子",藏语意为"万事顺利,实力雄厚"。隆子县位于西藏自治区东南部、山南地区东部、喜马拉雅山东段北麓,东南与印占区的珞瑜接壤,边境线长147千米,是西藏自治区重要的边境县之一。全县县域面积10566平方千米,实际控制面积8165平方千米。迄今为止,隆子县共辖2镇9乡,其中,玉麦、扎日、准巴、加玉、三安

---

① 参见赵书彬《大力实施强边固边兴边富边战略 推动边境发展稳定再上新的台阶》,载《西藏日报》2017年6月14日第1版。

曲林、斗玉6个乡镇为边境乡镇。2017年8月，笔者赴隆子县进行了调研。① 党的十八大以来，为全面提升全县党建工作水平，尤其提升边境乡镇村居农村基层党建工作水平，全面加快边境乡的发展，发挥好党员守土固边的先锋队和主力军作用，隆子县紧紧围绕党建薄弱点和重点区域，创建党建示范点，大力打造"千里边境党建长廊"，广泛开展"村村红旗飘、家家挂领袖像"活动，不断夯实稳固支部战斗堡垒，促进全县党建工作再上新台阶。

一、加强党建示范点建设

隆子县建立乡镇党委、行政村、县直机关党支部、寺管会、非公经济企业、学校、派出所7个县级党建示范点，安排示范点建设经费8万元，并要求各乡镇、县直属机关党委在辖区内选定一个党支部作为乡级示范点，使每个乡镇、每个行业系统至少有一个基础好、带头人素质强、各项工作规范标准的党组织。

二、大力开展"六六五"模式，助推"千里边境党建长廊"建设

为全面提升全县党建工作水平，尤其提升边境乡基层党建工作水平，全面加快边境乡的发展，隆子县投入521万元资金（其中，21万元用于公路沿线挡墙标语，三安曲林乡格西村、斗玉珞巴民族乡斗玉村、扎日乡党委、扎日乡曲桑村的宣传展板等，300万元用于修建雪萨乡党建和党风廉洁政策教育基地，200万元用于在三林乡西卡下山腰处修建一所集便民服务、牧民居住、临时党支部活动场所于一体的综合站），通过深入建设"六基"（基本组织、基本队伍、基

---

① 资料来源于笔者2017年8月份的调研访谈。资料编号：S-20170804。

本阵地、基本活动、基本制度、基本保障）工程，创新建设"六大载体"，同步实施"五边"（政策支边、组织固边、产业富边、文化活边、民主兴边）工程，结合隆子地处边境的实际情况，重点加强边境村党支部建设，充分发挥边境县基层党组织和广大党员在维护国家安全和领土完整中的重要作用；实施好组织固堡、阵地守堡、产业富堡、制度强堡"四堡工程"，组织群众发挥边境动态观察员、情况记录员、情报收集员、稳控协管员、问题报告员"五员"作用，共同抓好反偷渡、反"蚕食"、反分裂斗争工作。以打赢"扎日转山"活动维稳攻坚战为契机，建立军、警、兵、民四位一体的村情民意分析和社会矛盾化解机制；充分发挥联防队、"先进双联户"和民兵的守边防、保家乡作用，开展警民联合巡逻，形成"村村是哨所、人人是哨兵"的边防管理模式，促进边防稳固、经济繁荣、民族团结、社会和谐。

三、开展"村村红旗飘、家家挂领袖像"活动

隆子县广泛开展"村村红旗飘、家家挂领袖像"活动，以实现村居全覆盖为目标，由县级统一定制下发80幅领袖像，提高党员干部群众的国家意识、国土意识、国门意识、国防意识和国民意识，激发边疆各族群众爱国、爱党、爱民、爱家、爱社会主义的热情。2016年，累计投入25.4万元购买23000面红旗、900张五代领袖像，共向广大农牧民、个体工商户、乡镇、学校、寺庙发放国旗10000余面、五代领袖像800余张。

第七节　山南市浪卡子县：党建扶贫计划

浪卡子县地处西藏南部的喜马拉雅山中段北麓，与不丹王国接壤，是山南市海拔最高的县，也是西藏自治区的边境县之一。浪卡

子县共辖 2 镇 8 乡，其中，普玛江塘、打隆 2 乡镇为边境乡镇。2017 年 8 月，笔者赴浪卡子县进行了调研①。笔者认为，浪卡子县的农村基层党建工作特色在于以党建带动精准扶贫工作，并取得了实实在在的成效。

一、全面落实管党治党责任

党的十八大以来，浪卡子县委先后召开 21 次县委常委会议，专题研究农村基层党建方面的工作，及时解决重点、难点问题。围绕贯彻落实山南市基层党建工作会议精神，浪卡子县建立基层党建定期汇报制度，各级党组织每半年向上级党组织汇报基层党建工作，层层抓好责任落实。严格联述联评联考工作机制，县乡年底召开基层党建工作述职评议会 15 场次，抓紧抓实党组织书记第一责任人责任。

二、抓组织队伍建设

近年来，浪卡子县狠抓组织建设，确保组织的有效覆盖。县本级财政 2016 年投入 410 余万元，为基层组织建设提供保障。加大在村居民小组、"先进双联户"单位、农牧民合作组织建立党组织工作的力度，截至 2018 年年底，在村居民小组、"先进双联户"单位中建立党小组共 429 个，在农牧民合作组织中建立党支部 5 个；对暂不具备建立条件的农牧民合作组织，乡镇党委和相关行业牵头部门及时选派党建工作指导员 121 人次，党的工作覆盖率得到提高。进一步健全党组织领导下的村务监督委员会、治保和民兵等村居级组织 588 个，完善相关工作职责 580 余条，健全工作台账 580 余份，基层组织

---

① 资料来源于笔者 2017 年 8 月份的调研访谈。资料编号：S－20170805。

体系得到进一步完善。

抓干部队伍建设，建强骨干队伍。结合县乡换届工作，配备乡镇领导班子共100人，配优乡镇专职党建副书记、组织委员、纪委书记，把熟悉党建业务的3名同志调整到非公党工委和县直属机关党委工作。着眼2017年村居"两委"换届，进一步充实后备干部库，对1024名后备干部培养使用方向进行调查摸底。组织县乡两级党务工作者赴错那和扎囊两县实地参观学习。依托县中学师资力量，大力实施第二期"村居干部文化素质提升工程"，对98名村居干部进行了为期36天的集中培训。制定《2016年浪卡子县党员干部教育培训计划》，以党性党纪党风、法律知识、藏汉双语等为教育培训的主要内容，县级层面共组织党员干部教育培训12场次，受训1310余人次。从严把好"入口"、畅通"出口"，严格程序、严格审核、严格把关，着力提升新发展党员的质量，抓好党员档案规范整理工作，认真组织13个县直机关党支部开展处置不合格党员试点工作，进一步健全党员能进能出机制，畅通党员"出口"。健全完善各级党组织"三会一课"、民主评议党员等日常管理制度，在广大党员中广泛开展党员先锋岗、党员公开承诺践诺、无职党员设岗定责、党员志愿服务等活动，实行3名科办员帮扶1名贫困户、2名科级干部帮扶1名贫困户、1名县级干部帮扶1名贫困户制度，不脱贫、不脱钩，积极促使先锋模范作用的发挥。

三、抓精准扶贫，以党建促脱贫

近年来，浪卡子县坚持扶贫先扶志，认真实施党建扶贫计划，把建强基层党组织、精准选派驻村干部、广泛开展社会帮扶等作为党建扶贫的重要手段，把贫困人员的技能和素质培训、干部帮扶能力和水平提高作为脱贫致富的重要基础性工作，按照分期负责、分类培训的原则，结合市场需求和农牧业生产需要，提供点单式培训。

全面制定干部联系贫困村贫困户制度,按照"三联两结对一帮扶"机制和"点对点、人盯人、一对一"精准帮扶要求做好帮扶工作,运用"456"工作法,根据各村各户贫困现状、致贫原因、发展路径,逐村逐户制订详细的增收脱贫计划,对症下药、精准"滴灌"、"靶向治疗",确保精准扶贫工作取得实效。坚持把落实主体责任作为精准扶贫的关键,31名县级领导、10个乡镇、59家县直单位、98个村(居)层层签订《脱贫攻坚责任书》,层层压实扶贫责任,县乡1533名干部与8073户贫困户签订《帮扶责任书》,形成横向到边、纵向到底的责任机制。①

第八节 林芝市米林县:打造全面从严治党的"米林经验"

林芝市共有朗县、米林县、察隅县、墨脱县4个边境县,共辖28个乡镇,其中,14个为边境乡镇。其中,米林县边境乡镇最多。米林县地处西藏东南部、雅鲁藏布江中游。西部与朗县、北部与巴宜区、西北部与工布江达县毗邻,南部与印度接壤,边境线长180千米。当前,米林县共辖3镇5乡67个村居,其中,卧龙、里龙、米林、丹娘、派镇、羌纳、南伊7个乡镇为边境乡镇。2018年8月,笔者赴米林县进行了调研。② 笔者认为,米林县基层党组织建设的特色在于全力打造全面从严治党的"米林经验"。

---

① 参见李亚杰《浪卡子县强化五个抓手全面提升基层党建工作》,见山南网,2017年1月11日,见 http://www.xzsnw.com/gov/sndj/122448.html。
② 资料来源于笔者2018年8月份的调研访谈。资料编号:L-20180801。

一、始终注重坚持全面从严治党的政治方向

米林县委始终把政治建党放在首位。

首先,米林县委要求各级党组织深入学习领会习近平新时代中国特色社会主义思想,每一个党组织和每一名党员干部在学习党的最新理论成果中要坚定政治方向,准确把握习近平总书记对党建工作提出的新思想、新定位、新要求,站在全局和战略的高度来思考、谋划和推进工作,紧紧围绕配强班子,抓实基层、打牢基础,覆盖组织、建好队伍,使党建工作切实体现根本性、解决实际问题、契合时代要求。

其次,在贯彻落实党建工作方针政策中坚定政治方向,不断强化基层党组织的政治功能和服务功能,毫不动摇地坚持基层党组织的领导核心地位,坚持党的领导、发扬民主和依法办事相统一,统筹推进全县各级基层组织建设,实现自我管理、自我服务、自我教育、自我监督。切实在决胜全面小康,促进脱贫攻坚工作中发挥基层党组织和党员的先锋模范作用。

最后,在准确把握党建工作的基本定位中坚定政治方向,紧紧围绕县委的决策部署来谋划推进党建工作,切实做到不偏离、不游离、不脱离。例如,在2017年的脱贫攻坚工作中,米林县各级党组织以及广大党员充分发挥模范作用,精准识别建档立卡,采取"一帮一""一帮多"和"多帮一"的结对帮扶方式,确保结对户稳定脱贫、如期脱贫。里龙乡党委充分发挥领导核心作用,主动与中铁一局、中铁十七局、西藏圣核公司等单位进行沟通协调,帮助17名贫困户解决就业问题,为每户每月增加现金收入1100元。

二、始终注重聚焦全面从严治党的主责主业

首先,各级党组织逐级签订《党建工作责任书》,每季度对党建工作重点任务进行一次全面的自查,及时剖析问题,总结经验。从严深化党内监督,全面加强党的作风建设。坚持"党要管党、从严治党"方针,从严深化党内监督,按照要求,把从严治党要求具体为5个方面31项重点任务,分解落实到11个党(工)委,形成了谋划科学、分工合理、责任明确的整体布局。严明党委主体责任、"一把手"的第一责任、班子成员的分管责任,推动建立一级抓一级、层层抓落实的责任体系。例如,县委班子成员带头建立联系点,着力把联系点打造成示范点,带动各级干部跟着学、照着做、比着干。

其次,深化党的建设制度改革,先后制定出台了《米林县基层党建工作督查制度》《乡镇党委书记党建交流述职制度》和《基层组织建设星级管理考评办法》等9项制度。在整体推进各项改革的同时,坚持抓住重点领域和关键环节,集中精力推进;抓典范,鼓励探索性突破。将示范点建设作为推进党建工作的重要抓手,先试先行,发挥对全局性改革的示范、突破、带动作用。例如,在米林镇探索建立村级"三资"管理"1+1"工作模式,有效促使各基层党组织规范行为、提升能力。仅帮仲村就清理出资金680620.19元,资产折合人民币311.5万元,土地等资源386.67平方千米。

最后,打造党务工作过硬队伍。借助2017年县乡领导班子换届工作,进一步配齐、配强了基层党建工作力量。坚持把教育和管理放在前面,切实防止广大党员突破底线、触碰红线。努力提高党务工作者的专业能力,通过举办经验交流会、大学生村官论坛、村居党支部第一书记论坛,为基层党务工作者搭建了相互交流、相互学习的平台。

三、始终注重把握全面从严治党的方式方法

首先,依托党内重大活动,抓好重点问题,顺势而为,着力破解党建工作的重点和难点问题。例如,依托党的群众路线教育实践活动,开展了双向评议、领导下访月和旅游惠民等活动,为群众解决专项督办问题11项,切实把服务工作做到了群众的心坎上。

其次,坚持分类指导。立足米林县实际,研究制定了《米林县2016—2020年党的基层组织建设工作规划》,根据各领域、各行业基层党组织职能定位、不同特点和工作基础,因地制宜,分类施策,整合资源,提出契合实际的具体目标和工作措施,增强基层党建工作的针对性、实效性,提升基层党建工作的整体水平。

再次,坚持问题导向,紧紧抓住困扰党建工作的瓶颈问题,深入研究务实管用的措施和办法。例如,针对党建工作容易空对空,不知道怎么抓的问题,米林县创造性地实施了党建项目化管理,将党建工作分类设置为项目建设形式,投入资金推动党建工作的开展,使党建工作细化、量化、可操作化。

最后,坚持示范引领。通过抓具体的组织、具体的党员、具体的事例,着力创建党建工作"示范群体"。县、乡镇、村分级打造党建工作示范点7个,并通过现场观摩、巡回宣讲等形式,把他们的好经验、好做法转化为广大基层党组织的生动实践。尊重基层党组织和广大党员的首创精神,主动到基层汲取智慧和营养,总结推广了党员网格化服务、"1+12支部联动、联创、联建"和"三贴近"工作法等党建工作的成功做法,有力地推动了全县党建工作的创新发展。

四、始终注重打造全面从严治党的"米林经验"

首先,党建项目化管理。创造性地实施了基层党建项目化管理,将基层党建工作分类设置为项目建设形式,投入资金推动基层党建工作的开展,并按照项目所在单位负责实施、党委书记负责落实、挂点县级领导加强督促的模式抓好落实,有效地推动全县基层党建工作取得显著成效。2018年以来,全县共整合各类党建资金956万元,实施党建项目48个。

其次,过程精细化实施。积极推行党员身份亮相活动,为全县3528名党员发放了"党员政治生日贺卡",全面提升广大党员的身份意识。结合"两学一做"学习教育,大力实施党员网格化服务管理,将群众以家庭为单位划分为网格单位,在每个网格单位成立党小组,开展服务管理工作,为农牧民党员服务群众搭建平台,进一步强化党员的党性意识。抓好组织关系排查,加强对流动党员、"失联"党员、"口袋"党员、"空挂"党员信息进行全面摸排,理顺现有党员的隶属关系,为每名党员填写《党员基本情况登记表》,及时补充个人信息。通过清理行动,全县集中转接组织关系43人次。

再次,清单化落实。明确从深入推进强组织工程、深入推进强队伍工程、深入推进强班子工程、强化责任体系建设、强化投入体系建设、强化制度体系建设等六个方面提出了具体的清单任务。例如:深入推进强队伍工程,认真开展党员教育培训,积极搭建党员培训教育平台,投入资金160万元完成了县委党校建设,为全县顺利实施大规模的党员轮训工作提供了保障;深入推进强班子工程,在村居成立了67个村务监督委员会,统一制作工作职责、制度清单,有效地促使各基层党组织规范行为、提升能力;强化制度体系建设,制定出台了《米林县发展壮大村级集体经济的实施意见》,帮助49个村居实现了村级集体经济收入或增收目标。

最后，常态化监督。认真制定了《米林县基层党建工作督查制度》《米林县基层党建工作督查方案》，由县党建工作领导小组办公室整合各党口部门工作力量，成立基层党建工作督查组，每季度在全县范围内开展一次督查工作，各党（工）委每两个月开展一次督查或自查工作。对督查中发现的问题，及时以书面形式列出问题清单，及时向被督查单位党组织，特别是党组织书记，如实反馈，按照责任主体列出责任清单，明确责任人和落实时限，督促落实到位。2017年以来，全县通过采取听取汇报、查阅资料、座谈交流、个别访谈、随机抽样、实地督导等方式开展督导工作21次，撰写督查工作报告2份，各党（工）委上报督查工作报告24篇，梳理整改问题44项，截至2018年年底，已完成整改32项，其余12项均已建立台账，限期整改。

在全国纪念改革开放40周年之际，米林县人民政府门户网站全景式地展示了党的十八大以来米林县的成效显著的基层组织建设工作。① 2018年6月，中国西藏新闻网对米林县的党建工作做了报道。②

第九节 米林县南伊乡琼林村：守土固边强堡垒，产业惠民聚民心

琼林村隶属西藏自治区林芝市米林县南伊珞巴民族乡，位于南伊沟风景区的核心位置，距乡政府驻地9千米。"琼林"在藏语中的

---

① 参见米林县委组织部《米林县改革开放40周年成就·党建篇》，米林县人民政府门户网，2018年12月19日，见http://www.xzml.gov.cn/cgyw_2544/201812/t20181219_2479662.html。

② 参见潘璐《林芝市米林县基层党员教育管理取得新突破》，中国西藏新闻网，2018年6月22日，见http://www.xzzw.com/xw/xzyw/201806/t20180622_2263574.html。

意思是"大鹏居住的地方",琼林村是林芝市珞巴族的主要聚集地之一。

一、琼林村基层党组织建设简况

截至 2017 年年底,琼林村全村共有 50 户 207 人,其中,珞巴族 179 人,门巴族 14 人,藏族 13 人,汉族 1 人。设党支部、村委会、村务监督委员会等"八大组织",共 5 名村干部,其中,女性干部 2 名。全村有中国共产党党员 23 名(其中,珞巴族党员 22 人,藏族党员 1 人)。琼林村群众主要以畜牧业、特色旅游业、运输业、林下资源采集为收入来源。2017 年,琼林村年人均收入为 15560.60 元,年人均现金收入达 13808 元。

近几年来,在各级党委、政府的支持下,琼林村紧紧围绕"基层党建引领社会管理+生态旅游业"的总体发展思路和守土固边强堡垒、产业惠民聚民心的总体发展目标,充分发挥农村基层党组织战斗堡垒作用和党员先锋模范作用,在农村基层党组织的带领下,各项事业得到了快速发展,基础设施不断完善,人民群众的获得感不断提升。笔者调研发现,琼林村党组织建设的特色在于:针对特殊的地理位置,通过开展军民共建和党群联创、成立放牧党小组等,切实实现了党的十七届四中全会要求的"哪里有群众哪里就有党的工作,哪里有党员哪里就有党组织,哪里有党组织哪里就有健全的组织生活和党组织作用的充分发挥"[①]之目标,充分发挥了基层党组织守土固边的带动作用。通过党组织带领民兵组织、放牧党员群众,在虫草采挖期间、重大敏感节点期间、日常放牧期间,坚持边生产边巡逻,不断提高群众的守土固边责任心,真正形成"人人是哨兵"

---

① 新华社:《中共中央关于加强和改进新形势下党的建设若干重大问题的决定》,载《求是》2009 年第 19 期,第 11 页。

的意识。同时，成立了以优秀党员、党员致富带头人为组长的 4 个"先进双联户"党小组。①

二、农牧民党员放牧与守边相结合

为了让每一名党员都能及时参与学习教育和组织生活，琼林村党支部按照开展活动有组织、党员学习有场所的要求，采取就近就便原则，在群众放牧点"小牧屋"先后设立 4 个党小组和 1 个宣教点，统一悬挂党旗、国旗、领袖像，根据农牧民党员放牧点的实际情况，将放牧点的党员就近编入党小组，并设置守土固边宣传、安全防范监督、环境卫生整治等 5 个岗位，让 16 名放牧党员挂牌"上岗"，带领农牧群众"上线"。

三、红色"小牧屋"作用发挥凸显

积极发挥琼林村党支部守边固边的"主人翁"作用，以"小牧屋"为中心，认真开展"支部党课进牧屋""放牧点党员群众'学玉麦、守边疆、讲奉献'""五观""两论"等 8 场政治教育活动，教育引导他们进一步增强"五个认同"，牢固树立中华民族是根、中华文化是魂、中华国土是家的意识。扎实推动军地共建，军队积极帮助群众做好生产、用电、医疗等服务，促进建立新时代融合、融洽的军民关系。近年来，琼林村党支部聘请 5 名驻地部队官兵担任"小牧屋党小组"国防教育员，定期开展了 11 次国防知识培训。同时，大力发挥"小牧屋"的服务功能，分类建立服务制度，明确服务职责，让采集虫草的抵边群众随时能得到贴心服务。依托"小牧屋"，配备藏式桌椅、小药箱、雨衣和雨鞋、手电筒、矿泉水等农牧民群

---

① 资料来源于笔者 2018 年 8 月份的调研。资料编号：L-20180802。

众放牧时的必需品，将"小牧屋"打造成为服务抵边放牧群众的"客栈"。①

第十节　米林县里龙乡甲帮村：壮大集体经济，构建和谐甲帮

甲帮村是西藏自治区林芝市米林县里龙乡下辖的一个普通村庄。截至 2017 年年底，全村共有 57 户 218 人，其中党员 29 人。2018 年 8 月，笔者赴甲帮村进行了实地调研。② 笔者认为，甲帮村基层党组织建设的特色在于充分发挥基层党组织的带动引领功能，不断壮大集体经济，实现了全村的和谐稳定。我们也高兴地看到，甲帮村基层党组织建设的先进事迹被米林县委推荐至全国，村党支部成为全国创先争优先进基层党组织，其先进事迹材料在"共产党员网"上被公开展示。③

一、"引领帮带"，在富民强村上创先争优

首先，根据本村农牧民的生产、生活及思想等实际情况，甲帮村党组织认为，观念的落后是制约甲帮村发展的首要障碍。为此，村党支部首先采取了在思想观念上进行引导的措施。即在创先争优活动中，村党支部首先带领村干部学习党和国家的利好政策，学习

---

① 参见王珊、张猛《西藏林芝市米林县牧屋：服务群众的"客栈"》，中国西藏新闻网，2019 年 3 月 20 日，见 http://xz.people.com.cn/n2/2019/0320/c138901 - 32757775.html。

② 资料来源于笔者 2018 年 8 月份的调研。资料编号：L - 20180803。

③ 参见米林县委组织部信息中心《西藏自治区米林县里龙乡甲帮村党支部先进事迹材料：全国创先争优先进基层党组织》，共产党员网，2018 年 12 月 18 日，见 http://biaozhang.12371.cn/2018/12/18/ARTI1545122177970515.shtml。

现代科学知识，学习现代养殖技术，并通过乡村干部的宣传宣讲和率先垂范，让群众真正明白惠在何处、惠从何来，并逐渐掌握现代科学技术。同时，利用好自治区统一修建的乡村图书室，为全体村民提供全天候学习空间和学习资料。

其次，在思想观念转变的前提下，甲帮村党支部创新集体经济运作模式，通过采取村民入股的方式，发展起了甲帮村绵羊养殖场，并将近几年村民新购买的东风牌货车和农用运输车纳入村委会，进行统一管理，成立了甲帮村农牧民汽车运输队。单这两个集体经济组织，每年就为甲帮村集体创收30多万元，群众人均现金收入增收近3000元。村集体经济的利润分配，按照"入股提成50%、集体所有30%、滚动发展20%"的办法，解决了过去农牧民不愿意投入的窘况。村子里有了收入，甲帮村"两委"先后从集体收入中拿出14.5万元资金，解决了3户困难家庭学生上学难的问题，以及3户五保户、4户低保户、1户贫困户安居住房建设难的问题，为家庭困难户统一购置藏式家具和生活必需品，解决了不少过去想解决而无力解决的"老大难"问题。

最后，在致富渠道上发挥党员干部的帮带作用。甲帮村党员干部充分发挥党员先锋模范作用，带头建造塑料大棚，发展庭院经济；带头种植经济林木，拓宽群众增收渠道；带头发展藏鸡、藏猪规模化养殖产业。村党支部积极争取项目资金9万元，村干部和党员自筹资金3万元，新建厂房2间，购置磨面机、榨油机、粉碎机等设备，建起粮油加工作坊，方便群众进行农产品加工；同时，每年平均为困难户免费加工粮油千余斤。村里的29名党员干部先后与6户困难户、4户五保户、3户低保户结成帮扶对子，集中力量为他们解决生产生活中的实际困难，提供致富信息，找准致富门路，帮助2户困难户成功脱贫。村党支部2年多来先后选送60余名党员和优秀青年参加林芝市、米林县和里龙乡的农牧实用技术培训，先后3次集中组织党员群众赴其他县和周边乡镇学习先进经验，帮助其开阔眼界、启发思维。如今，全村每家每户至少有 1～2 名科技"明白人"，全村先后涌现出 10 余名致富能手。每当村里群众有困难，他们第一个想到的是党支部，第一个上门提供帮助的是村干部和党员。

二、"改创培树"，在构建和谐新村上创先争优

甲帮村党支部在创先争优活动中，结合米林县小康示范村建设和人居环境综合整治工程，着力在构建和谐新村上下功夫。

首先，千方百计改善人居环境。在村党支部的号召下，村干部和经济条件较好的党员群众率先建起安居住房；对于经济条件较差的，村党支部帮助他们争取银行贷款，积极协调解决建房材料，帮助他们建起新房；对于没有能力建房的困难群众和五保户、低保户等弱势群体，村党支部从集体收入中拨付一部分资金，加上党员干部捐助的资金，为五保户、低保户盖起了新房。当前，甲帮村在村党支部的带领下，村基础设施建设不断完善，全村实现了通水、通路、通电、通邮，人居环境得到了极大的改善。

其次，创新民主管理体制。乡村集体经济发展壮大了，农牧民的思想观念转变了，乡村发展了，矛盾和问题也必然增多了。为此，甲帮村大力推行"四议两公开"（村党组织提议、村"两委"会议商议、党员大会审议、村民会议或村民代表会议决议，决议公开、实施结果公开）工作法，村"两委"诚邀村民参与村级事务决策，自觉接受人民群众的监督。同时，加强监督，村干部每年年底都要在村民大会上进行述职述廉，述职述廉评议情况直接与村干部绩效工资挂钩。

最后，培养和树立健康文明的生活方式。村党支部依托村"两委"的活动场所，多方争取，建成了"农家书屋"，有藏、汉文图书 1200 余册；设置了党团活动室，配备了电视机，建立了农村党员远程教育站点，定期组织活动，宣传党的路线方针政策，传播科技知

识。村党支部在每年"七一"期间,开展"党员奉献日""党性教育""多读书、读好书"等丰富多彩的活动。村里成立了农牧民文艺表演队,经常举办民间文艺活动,不断丰富群众的精神文化生活。同时,村党支部每周组织党员群众打扫村庄干道及周边卫生区,彻底改变了过去脏、乱、差的村容村貌,引领群众树立热爱家园的新风尚。

三、"管治控防",在创建平安新村上创先争优

甲帮村党支部始终坚持把反对分裂、维护稳定、促进发展作为头等大事,以开展创先争优活动为契机,举全村之力,积极开展平安新村创建活动。村党支部除了坚持在党员干部和人民群众中经常性地开展各类主题教育活动(比如,村党支部书记上党课,强基惠民驻村工作队宣传党的各项方针政策等),还成立了维稳领导小组、治保委员会、调解委员会和以29名党员、2名退伍军人为主的治安联防队,村干部和党员带头执行节假日和敏感日24小时值班制度,摸排和调解处理各类矛盾纠纷。甲帮村先后荣获"全国'美德在农家'活动示范点""全国民主法治示范村""全区先进基层党组织""小康示范先进村""精神文明建设先进村"等荣誉称号。

2018年12月27日,西藏自治区党委宣布《关于表彰全区第二批优秀村(社区)党组织第一书记的决定》。在此次表彰活动中,时任甲帮村党支部第一书记朱方平同志被授予"全区第二批优秀村(社区)党组织第一书记"荣誉称号。①

---

① 参见《中共西藏自治区委员会关于表彰全区第二批优秀村(社区)党组织第一书记的决定》,载《西藏日报》2018年12月29日第3版。

第六章　西藏边境县农村基层党组织建设的成就、经验及面临的特殊问题分析

承上所述，不论是就西藏全区基层党组织建设的总体情况而言，还是就阿里地区、日喀则市、山南市、林芝市4个边境地市及其21个边境县农村基层党组织建设的现实情况而论，其成就都是显著的，各地的农村基层组织建设既有统一的规范，又不乏鲜明的特色，从中也积累了不少宝贵的经验。这也是近年来西藏全区能够实现经济社会长足发展和长治久安的根本性保证。同时，我们不能否认，基于边境乡村特殊而敏感的区位及当地经济、社会、文化等特殊的环境，在新时代，深入推进其农村基层党组织的建设，也面临着不同于西藏其他地区，更有别于祖国内地的诸多特殊问题。

第一节　西藏边境县农村基层党组织建设的成就总结

通过实地调研访谈和查阅党的十八大以来以《西藏日报》、中国西藏新闻网为核心的媒体的报道资料，笔者分析认为，西藏边境县基层党组织建设取得了巨大的成就。具体可以总结为以下几方面。

一、各级党委切实履行全面从严治党主体责任

党的十八大以来，以习近平同志为核心的党中央着眼于"四个

全面"战略布局的总体设计，身体力行、率先垂范，坚定推进全面从严治党伟大工程，以严格的党纪党规整饬党风，以"刮骨疗伤"的勇气惩治腐败，净化党内政治生态，赢得了党心民心，为开创党和国家事业的新局面提供了坚强的组织领导保障。

早在2013年6月28日的全国组织工作会议上，习近平总书记就曾指出："党要管党，首先是党委要管、党委书记要管。党委书记要在其位、谋其政，履行好第一责任人职责。"[①] 党的十八大以来，西藏自治区党委团结和带领全区各级党组织，不断增强各级党组织和领导干部的主体责任意识，以高度的政治自觉把全面从严治党的各项要求落到实处。在自治区党委层面，从顶层设计方面看，建章立制，出台了一系列贯彻落实全面从严治党决策部署的政策规范，设计了创建"五型"（学习型、创新型、服务型、引领型、战斗型）党组织的理念和制度框架；从体制机制方面看，已经建立了"书记抓、抓书记"的工作体制，建立了上下有机互动的责任传导机制，从而使各级党委牢固树立起党建责任意识；从具体实践方面看，全区以标准化为抓手，以党的政治建设为统领，全面加强党的思想建设、组织建设、作风建设、廉政建设，以扎实的工作为全区长足发展和长治久安做出了积极的贡献。在边境地市、县层面，在自治区党委的领导下，西藏各边境地市、县、乡镇党委及乡村党组织坚持以党的政治建设为统领，坚决维护习近平总书记的核心地位，维护党中央权威和集中统一领导；坚持以坚定的理想信念为根基，针对各级各类党员的实际情况，创造性地开展学习、培训和教育活动，教育和引导广大党员干部用习近平新时代中国特色社会主义思想武装头脑，着力在学懂、弄通、做实上下功夫；坚持以整治隐形变异的"四风"问题为重点，以严肃认真的态度和强有力的执纪问责，反对

---

① 中共中央文献研究室：《十八大以来重要文献选编》上，中央文献出版社2014年版，第354页。

"四风""两问题"（形式主义、官僚主义、享乐主义、奢靡之风，政治立场问题、工作作风问题），保持了党同人民群众的血肉联系，确保党中央和区党委的决策部署落地生根；坚持以加强纪律建设为根本，各级党组织担负起执行和维护纪律的政治责任，自觉尊崇宪法、学习宪法、遵守宪法、维护宪法、运用宪法，督促党员干部时刻用纪律的尺子衡量和约束自己。

党的十八大以来，西藏全区经济社会持续健康发展，社会总体和谐稳定，这是全面推进党的建设新的伟大工程的总体布局，不断增强党组织的创造力、凝聚力、战斗力的有力证明。也正是通过全面加强党的建设，进一步夯实了党在西藏的执政基础，为全面建成小康社会的目标任务提供坚强保证。

二、以标准化为抓手解决了长期困扰农村基层党组织建设的诸多难题

党建标准化是西藏自治区系统推进党的政治建设、思想建设、组织建设、作风建设、纪律建设、制度建设的具体抓手。根据中共西藏自治区委员会《关于坚持以习近平新时代中国特色社会主义思想为指导 大力推进基层党组织标准化建设的意见》及各地市、县、乡镇党委的具体实施办法，西藏4个边境地市党委、21个边境县党委、160多个边境乡镇党委和1100多个边境乡村党组织认真对标标准化建设的9个一级指标和30多项二级指标进行建设，并同上级党组织层层签订《基层党建工作目标管理责任书》。每一个农村基层党组织按照月度、季度和年度目标，向上级党组织汇报基层党建情况，并接受年度考核。

针对党的十八大以前管党治党宽、松、软的情况较为突出，农村基层党组织的设置不健全、组织调整不规范、班子职数不足、任期届满未及时换届、发展党员工作不严谨、党员教育长期缺失、党

费收缴随意性大、党的组织生活无场所、党内政治生活不正常、责任落实不到位等系列性问题，通过基层党组织的标准化建设，达到了较为理想的政策目标。通过第五章中对阿里地区等4个边境地市、洛扎县等4个边境县、甲帮村等2个乡村基层党组织建设情况的叙述和分析，我们不难发现，通过深入推进党组织建设标准化，解决了过去长期存在且难以解决的许多难题。

首先，如前所述，通过党建标准化，切实提高了各级党组织对党建的重视。实事求是地讲，过去西藏农村基层党组织建设问题多、困难多，与当地严酷的自然环境和落后的经济社会发展状况密切相关，更为主要的是，各边境地市、县、乡镇党委没有对党的建设给予高度的重视，这才是直接原因。正如2014年3月习近平总书记在河南省兰考县调研指导党的群众路线教育实践活动时指出的那样："标准决定质量，有什么样的标准就有什么样的质量，只有高标准才有高质量。"① 西藏自治区通过深入推进基层党组织的标准化建设，使各级党委"明确抓党建工作的科学化路径和方法，立起检验党建工作成效的标尺，明晰党建考核的具体指标，不折不扣把习近平新时代中国特色社会主义思想和党的十九大精神贯彻落实到党的建设全过程、细化为各项工作标准，推动基层党组织全面进步、全面过硬，让党的旗帜在雪域高原每个阵地高高飘扬"②。

其次，自治区党委、4个边境地市党委、21个边境县党委通过整合各项党建资金，充分利用对口支援资金和党建专项经费，各农村基层党组织不仅全部建立了统一规格、宽敞明亮的党组织活动场所，而且，如米林县建设"小牧屋"、阿里和日喀则等地市在农牧民放牧点建设临时党支部或党小组，让农村各基层党组织有了统一或临时

---

① 新华社：《大力学习弘扬焦裕禄精神 继续推动教育实践活动取得实效》，载《人民日报》2014年3月19日第1版。
② 曾万明：《大力推进基层党组织标准化规范化建设》，载《党建研究》2018年第6期，第52页。

的活动场所,有了有效开展党组织活动"登台唱戏"的舞台,解决了多年困扰农村基层党组织活动无场所,以及随之而来的组织活动难开展和组织活动无经费的难题。

再次,各地市和县委党校承担起了基层党员培养教育的功能,同时,在农村党组织活动场所安装远程电教系统,较好地解决了西藏广阔的边境农牧区长期无党校培养、党员素质难提高、入党积极分子无法培养的难题,从而将边境农牧区党员队伍建设纳入规范化的轨道。更为重要的是,较为系统地培养和开展"四讲四爱""神圣国土的守护者、幸福家园的建设者"等主题实践教育活动,使习近平新时代中国特色社会主义思想进入广大党员干部的头脑,使中央和自治区党委的决策部署深入边境基层,并通过党员干部的引领示范,让广大农牧民群众明晰党和国家的利好政策,明白"惠在何处、惠从何来"。

最后,通过标准化建设,农村基层党组织的设置、运行与管理逐步实现规范化。2012年9月—2013年9月,笔者在阿里地区改则县察布乡玛日玛村从事强基惠民工作的实际经历和近年来深入西藏全区36个县区基层调研的情况显示,过去,西藏乡村(尤其是藏北牧区乡村和边境地区乡村)的党组织设置非常不规范,有50位党员以上的乡村长期没有设置党总支,各村民小组长期不设置党支部,更不可能设置党小组;领导班子的换届很少开展,不少党支部成员不经过选举终身任职;"三会一课"的基本制度和年终述职述廉、民主生活会等不开展、不坚持;党费收缴非常随意,只有在上级党组织发文要求时才会缴党费,拒缴党费、常年不参加党组织活动和脱离党组织生活很久的党员大量存在;党员的档案管理极为混乱,"口袋党员"数量很大;党风廉洁建设政策学习教育基本不开展;等等。以上问题的长期存在,是西藏边境地区农村基层党组织凝聚力、战斗力不强的根本原因之所在。

党的十八大以来,西藏自治区党委通过深入推进党组织的标准化建设，有效解决了上述问题，使党组织和党员的先锋模范作用、战斗堡垒作用得到较好的激发。

三、农村基层党组织建设特色亮点频现

西藏自从推进基层党组织标准化建设以来，各边境地市、县、乡镇党委根据本地的实际情况和边境地区严峻的反分裂、反"蚕食"斗争现状，以及繁重的脱贫攻坚任务，充分挖掘本地资源，创造性地开展农村基层党组织建设工作。例如，阿里地委针对该地区自然环境条件极为艰苦但红色教育资源较为丰富的特点，着力挖掘红色教育资源，大力弘扬"老西藏精神""两路精神""孔繁森精神""先遣连精神"和新时代"阿里精神"这五种精神。日喀则市委针对本地区边境乡村数量众多的现实，着力推进"四个强化"，努力把农村基层党组织建设成为坚决反对分裂、维护基层和谐稳定的"领头雁"，团结带领群众脱贫攻坚、增收致富的"开路人"，关心群众疾苦、为群众排忧解难的"贴心人"。山南市委针对本地区边境线漫长、与印度争议领土集中、边境地区山口出口数量多、反分裂和反"蚕食"斗争任务重的现实，着力打造"千里边境党建长廊"，将党组织建设在农牧民的放牧点上，不断加强对农牧民爱国守边精神的教育，有农牧民生产生活的地方就有党组织，有党组织的地方就有党的活动；同时，广泛开展维护稳定、反分裂、反对印度"蚕食"的人民战争，将边境乡村的每一个农牧民培养成为守护祖国神圣领土的"哨兵"。林芝市以项目的形式推进农村基层党组织建设标准化，解决了党建经费支持和调动基层党员干部从事党建工作积极性的问题；琼林村充分利用当地有边防部队驻守的优势，扎实推动军地共建，积极帮助群众做好生产、用电、医疗等服务，促进建立新时代军民融合、融洽的关系，村党支部还聘请了5名驻地部队官兵担任"小牧屋"党小组国防教育员。

这些特色做法值得大力倡导，琼林村促进建立新时代军民关系融合的做法更值得在全区边境乡村推广。

四、在发挥农村基层党组织的政治功能和服务功能方面成效卓著

基层党组织的政治功能和服务功能是紧密相连的统一整体，服务功能是党的政治功能在实践过程中的具体体现和延伸拓展，不能把两者对立、分割开来，两者统一于我们党的性质和宗旨之中。① 综观西藏4个边境地市和21个边境县的农村基层党组织建设实践，我们不难发现，发挥农村基层党组织的政治功能和服务功能是贯穿党建工作实践中的一条主线，西藏边境县农村各基层党组织把提升组织力摆在重要位置，着力加强党组织的组织建设，不断提升基层党组织的凝聚力，教育和引导广大党员发挥先锋模范作用，把党组织的战斗堡垒作用充分发挥出来，把当地广大党员和农牧民群众紧紧团结在党的旗帜之下，引领他们永远跟党走，争做"神圣国土的守护者、幸福家园的建设者"。与此同时，把为民办实事、好事作为工作的基本出发点和落脚点，让党员干部逐步在边境县改革发展中成为当地农牧民群众发家致富、实现稳定发展目标的主心骨和领路人。

在这方面，西藏4个边境地市、21个边境县都做了大量的工作。特别是山南市推行的党建带动集体经济政策，山南市洛扎县的"产业兴边"工程、错那县的"产业富堡"工程、浪卡子县的党建扶贫计划，以及林芝市米林县的"产业惠民心"措施，都取得了实实在在的成效，为全区2020年顺利完成脱贫攻坚任务，确保全区各族人民同全国人民一道步入小康社会做出了重要贡献。

---

① 参见耿洪斌《基层党组织要突出政治功能》，载《光明日报》2018年2月22日第5版。

第二节 西藏边境县农村基层党组织建设的基本经验

西藏边境县农村基层党组织建设也积累了不少值得认真总结并长期坚持的好经验。

一、旗帜鲜明讲政治是加强农村基层党组织建设的根本要求

党政军民学,东西南北中,党是领导一切的,必须突出党的核心领导地位,发挥好领导核心作用。西藏4个边境地市党委和21个边境县党委牢牢把握新时代党的建设总要求,牢牢把握新时代党的组织路线,牢牢把握正确的政治方向、始终站稳人民立场,把讲政治落实在选人用人突出政治标准、基层党建强化政治功能上,大力建设高素质专业化干部队伍,以提升组织力为重点,突出政治功能,加强基层党组织建设,切实把党员、干部的思想和行动统一到党的十九大精神上来,把力量凝聚到实现十九大确定的宏伟目标和各项任务上来,奋力推动基层组织工作取得新成绩。实践证明,只有旗帜鲜明讲政治,坚定不移推进全面从严治党向基层延伸,我们党才能坚强有力,才能永葆生机和活力。

二、坚定理想信念是加强基层党组织建设的根本保证

理想信念是共产党人精神上的"钙"。西藏4个边境地市党委和21个边境县党委通过开展思想政治教育、反分裂斗争教育、党规党纪教育等工作,引导广大党员坚定理想信念,始终保持头脑清醒,

忠诚于党，坚定站在党和人民这一边，坚决与达赖集团划清界限，坚决反对分裂、维护稳定。通过系统地学习培训，党员干部深刻把握正确的政治立场、观点、方法，做到不忘初心、牢记使命，心明眼亮、信念坚定，不断增强"四个意识"，在纷繁复杂的形势下始终坚持正确的指导思想和前进方向，推进广大农村基层党组织建设，始终保持强大的战斗力。实践证明，坚定理想信念既是我们必须不断推进伟大事业的正确指引，又是我们加强基层党组织建设的根本保证。

三、坚持问题导向是加强基层党组织建设的强劲引擎

党的建设是科学。科学发展的历史表明，科学研究始于问题，研究所能达到的高度决定于所提问题的高度。以问题进入研究，以问题推动研究，围绕问题而展开研究，是科学不断发展的基本途径，也是科学研究生生不息、充满活力的内在机制。从西藏边境县农村基层党组织建设来看，改革开放以来，随着经济社会发展，各种深层次的东西相互纠结，薄弱点逐渐显现，伴随着党组织设置不规范、各领域党建参差不齐、软弱涣散党组织存在等问题，西藏4个边境地市党委和21个边境县党委始终坚持问题导向，在新的实践与新的发展中推进具体党建工作，大胆设问，科学求证，主动分析党建工作发展的新变化和新特点，着力解决现实存在的突出问题，狠抓关键环节整治，成效显著。实践证明，坚持问题导向，从发展规律上看问题、想问题和解决问题，是防止重大偏差和失误的基本要求，也是在不断深入实践的过程中，提高党的建设科学化水平，促进边境县农村基层党组织建设再上新台阶的原动力。

四、密切联系和服务群众是加强基层党组织建设的内在要求

中国共产党执政70年的成功经验中,最重要的一条就是以唯物史观作为哲学基础,坚持人民主体地位,强调执政为民,始终把人民群众利益放在革命、建设与改革的第一位,作为一切工作的出发点和落脚点。习近平总书记在党的十九大报告中强调,人民是历史的创造者,是决定党和国家前途命运的根本力量,必须坚持人民主体地位,坚持立党为公、执政为民,践行全心全意为人民服务的根本宗旨,把党的群众路线贯彻到治国理政的全部活动之中,把人民对美好生活的向往作为奋斗目标,依靠人民创造历史伟业。① 党的十八大以来,西藏4个边境地市党委和21个边境县党委紧紧围绕服务脱贫攻坚、乡村振兴、产业发展等中心工作,持续开展干部驻村驻寺、"先进双联户"创建评选、"党员干部进村入户、结对认亲交朋友"和党员志愿服务活动,密切党员干部和群众的血肉联系,筑牢党在西藏的执政根基。实践证明,一切为了人民,一切依靠人民,坚持人民利益高于一切,是永葆党的创造力、凝聚力、战斗力的关键所在。

五、全面从严治党是加强基层党组织建设的根本方针

从严治党是我们党不断加强自身建设的优良传统、宝贵经验和一贯方针。我们党从建党初期只有50多名党员发展到2018年年底拥有9000多万名党员的政党,并成功长期执政,在中国各族人民的心

---

① 参见习近平《决胜全面建成小康社会 夺取新时代中国特色社会主义伟大胜利》,载《人民日报》2017年10月28日第1版。

中享有崇高的威望，其中重要的一条就是我们党始终坚持和贯彻了从严治党的方针。中华人民共和国成立以来，党中央虽然根据不同的历史发展阶段和工作重心确定了具有明显的继承性和发展性的党建主题、中心任务，但是，"党要管党，从严治党"的原则是一脉相承的，从未改变，也不能改变。党的十八大以来，西藏4个边境地市党委和21个边境县党委准确把握全面从严治党面临的新形势、新任务，精准贯彻落实习近平总书记关于坚持党的领导、推进党的建设的重要讲话和重要指示精神，贯彻全面从严治党要求，深入开展党的群众路线教育实践活动、"三严三实"专题教育、"两学一做"学习教育、"不忘初心、牢记使命"主题教育活动，狠抓作风建设，着力整治软弱涣散基层党组织，稳妥处置不合格党员，党风政风明显好转。实践证明，坚持全面从严治党，是提高我们党的执政水平和领导水平，不断开创党和事业的新局面，促进党组织永葆强大生命力的根本要求。

第三节　西藏边境县农村基层党组织建设面临的特殊问题

西藏自治区21个边境县的农村基层党组织建设在取得显著成就、积累了宝贵经验的同时，也面临着同国内其他县区农村基层党组织建设过程中一样的问题，诸如党员干部思想观念落后和先进性不足、党员的组织管理难度大、党组织与村居自治组织之间的关系有待规范等，更为重要的是，还面临着有别于祖国内地，甚至是有别于"一江两河"流域河谷地带县区的特殊问题。在工作实践中，只有搞清楚特殊问题并找到造成问题的原因，方能有针对性地开展工作，不断推动边境县农村基层党组织健康发展。

一、西藏边境县农村基层党组织建设面临着特殊的反分裂斗争形势

达赖集团的分裂破坏活动是对西藏稳定发展事业最大的干扰。中央第五次西藏工作座谈会指出：西藏社会的主要矛盾是同全国一样的，但"还存在着各族人民同以达赖集团为代表的分裂势力之间的特殊矛盾"①。达赖是图谋"西藏独立"的分裂主义政治集团的总头子，是国际反华势力的忠实工具，是在西藏制造社会动乱的总根源，是阻挠藏传佛教建立正常秩序的最大障碍，是披着宗教外衣祸藏乱教的政客。在中央第六次西藏工作座谈会上，习近平总书记特别强调指出，"西藏工作关系党和国家工作大局"，必须"牢牢把握西藏社会的主要矛盾和特殊矛盾"，"坚持同达赖集团斗争的方针政策不动摇"。② 因此，西藏工作的着眼点和着力点必须放在维护祖国统一、加强民族团结上来，核心是做好反分裂斗争，维护国家安全。这是西藏全区基层党组织建设面临的特殊形势。对于西藏边境县而言，独特而敏感的地理区位决定了它们是我国维护稳定、反分裂和反"蚕食"斗争的最前沿。近年来，达赖集团高调宣扬"中间道路"，炒作"达赖回国"，并就达赖转世频频放出烟幕弹；西方反华势力利用达赖作乱西藏。这些事实表明，西藏的反分裂斗争形势依然复杂严峻。

正因为如此，坚持把西藏边境县农村基层党组织建设成为教育和引导广大农牧民群众跟党走，建设成为服务群众、维护稳定、反分裂和反"蚕食"斗争的坚强战斗堡垒，直接关系到党在西藏的执

---

① 新华社：《中共中央国务院召开第五次西藏工作座谈会》，载《光明日报》2010年1月23日第1版。

② 参见新华社《依法治藏富民兴藏长期建藏　加快西藏全面建成小康社会步伐》，载《人民日报》2015年8月26日第1版。

政基础，直接关系到国家领土主权的完整，直接关系到当地社会的和谐稳定。这是西藏自治区党委和政府及社会各界认识西藏边境县农村基层党组织建设的总前提。

二、西藏边境县农村基层党组织建设面临着特殊繁重的攻坚脱贫任务

西藏是我国唯一的省级连片贫困区，脱贫任务十分艰巨。党的十八大以来，西藏自治区党委和政府团结带领全区各族人民砥砺奋进，在实现全面建成小康社会的伟大征程中取得了一个又一个的胜利。2018年年底，据西藏自治区人民政府副主席、自治区脱贫攻坚指挥部副总指挥长江白介绍："2016年至2017年累计减少贫困人口29.7万人、贫困村退出2713个、贫困县摘帽30个，贫困发生率从2015年年底的25.2%下降到2017年年底的7.9%，贫困群众人均可支配收入保持16%的增长幅度。"① 2019年1月，西藏自治区人民政府主席齐扎拉同志庄严宣告：2019年，政府的工作目标是确保剩余的15万贫困人口全部脱贫，19个贫困县全部摘帽，"西藏自治区基本消除绝对贫困"②。2019年年底，"西藏最后一批19个贫困县（区）全部摘帽，标志着西藏全区基本消除绝对贫困"③。

成就是举世瞩目的，但西藏的发展基础和客观条件决定了西藏是我国社会发育程度最慢、客观条件最差、基础设施最不完善、劳动力受教育程度最低、基本公共服务能力最弱、宗教氛围最浓、守土固边任务最重、反分裂斗争形势最尖锐的地区，也是党中央最关

---

① 尕玛多吉：《西藏25个贫困县脱贫摘帽》，载《光明日报》2018年10月5日第3版。
② 齐扎拉：《政府工作报告——二〇一九年一月十日在西藏自治区第十一届人民代表大会第二次会议上》，载《西藏日报》2019年1月24日第1版。
③ 新华社：《加快推进西藏经济社会高质量发展——论学习贯彻习近平总书记在中央第七次西藏工作座谈会上重要讲话》，载《人民日报》2020年9月2日第1版。

心、国家部委帮助解决问题最多、全国人民支持力度最大的地区①。21个边境县由于地理位置偏远,自然条件恶劣,各项投入的成本很高而收益很低,总体经济社会发展滞后的面貌还未完全改变,至今仍然是我国贫困发生率最高、贫困程度最深、扶贫成本最高的地区,这也是不争的事实。截至2017年年底,21个边境县的人均生产总值不到西藏全区平均值的70%,628个边境村中至今仍有337个边境村属于深度贫困村,其中,67个边境村不通电,25个边境村不通公路②。更为重要的是,现有的基础条件和发展能力决定了在广大农牧民群众自身的致富能力还很孱弱的前提下,通过政府力量的支持进行脱贫攻坚战而成功脱贫后的返贫问题,一定要引起各级党委和政府的高度重视。

三、西藏边境县农村基层党组织身处特殊的宗教文化氛围之中

文化作为同自然相对应的概念,是人类社会特有的现象。宗教作为一种文化,一种"跨社会制度、跨时代的有活性的意识形态"③,是西藏边境县农村基层党组织建设过程中永远不能忽视的特殊文化。

在传统的西藏基层社会中,由于历史等因素,宗教文化对西藏各族人民群众的文化观或意识形态有着持久深入的影响,以至在整个藏文化中占有非常突出的地位。正如中国藏学研究中心的格勒教授所指出的:"在政教合一的西藏传统社会里,人们从生到死,从生产

---

① 参见蒋翠莲《用心学习领会习近平总书记关于教育工作的重要论述 努力培养德智体美劳全面发展的社会主义建设者和接班人》,载《西藏日报》2018年10月15日第1版。
② 参见邓建胜《倾力建设628个边境小康村 西藏边陲再远,脱贫不远》,载《人民日报》2017年12月18日第1版。
③ 孙娟莹、谭庆华:《试论社会文化环境对经济发展的作用》,载《理论与改革》2002年第2期,第93页。

到生活，从家庭到村落，无处不受宗教信仰的影响和支配。作为西藏封建农奴制社会的主要精神支柱和意识形态，宗教已经渗透到西藏政治、经济、文化和社会生活的各个领域，并产生了广泛而深刻的影响。尤其是人们日常的生产、生活、娱乐、教育等，无不蒙受宗教的影响，宗教在西藏已成为传统文化的重要组成部分并在绝大多数人的社会生活中占有十分重要的地位。"①

这一文化构成特征决定了，首先，西藏边境县农村基层党组织建设过程中的党员队伍，是以出生和生活在浓厚宗教文化氛围之中的藏族为主体的少数民族。《关于新形势下党内政治生活的若干准则》明确规定，党员不能信仰宗教和从事封建迷信活动，党员如果信仰宗教或从事封建迷信活动，就意味着其理想信念已经发生了动摇和滑坡。因此，党员不信仰宗教这是党的政治纪律。然而，事实上，在西藏边境县的基层社会，一些党员干部，尤其是一些乡村的农牧民党员，存在着前文所述的"两信"问题。②

其次，西藏边境县基层存在着数量庞大的宗教活动场所，包括在编的和非在编的。这些宗教活动场所潜移默化地影响着每一名党员干部。据统计，20世纪50年代，西藏共有2700多座寺庙、12万名僧尼③。民主改革后，各地寺庙实现了民主管理，也有一些寺庙遭到了武装叛乱的破坏，或是在民主改革中因大部分贫苦僧人还俗而僧去寺空，最后保留了553座寺庙、7000多名僧尼④。改革开放后，在全面落实宗教政策过程中，宗教信仰和正常的宗教活动得到全面恢复，加之政策执行过程中的一些失误，宗教活动场所得到膨胀性

---

① 转引自多杰才旦《西藏封建农奴制社会形态》，中国藏学出版社1996年版，第321页。

② 参见孙勇《维护西藏地区社会稳定对策研究》，西藏人民出版社2015年版，第456页。

③ 参见中共中央文献研究室、中共西藏自治区委员会《西藏工作文献选编：1949—2005年》，中央文献出版社2005年版，第701页。

④ 参见刘洪《西藏宗教50年》，载《中国藏学》2009年第1期，第61页。

的增长。目前，西藏现有各类宗教活动场所1780余处、僧尼4.6万多人（其中清真寺4座，伊斯兰教信众3000余人；天主教堂1座，信众700余人）①。当前的1700多座寺庙和4.6万多名僧尼只是根据在编的寺庙和僧尼数量的统计，在编的寺庙和僧尼由县级以上政府管理。通过实地调研我们发现，在广大乡村，几乎村村有专门的宗教活动场所"拉康"和数量不少的民间修行人员。各级党组织要按照自治区党委和政府的要求，确保僧尼的宗教活动有序、合法开展，保障民众正常的宗教活动，关爱僧尼。与此同时，基层人民群众的众多生活习俗很难和宗教完全分割开来，这就使宗教活动、宗教人员反过来从普通人民群众生产生活的每个环节影响着乡村社会的转型发展。例如，人出生时的取名、结婚时的婚配及结婚日期的确定、死亡时的丧葬等，都会同宗教发生直接的关系。

最后，正因为如此，宗教教义和宗教仪式对乡村社会稳定发展的影响也不可小视。西藏信教群众的戒律很多，这些戒律中，一些戒律具有进步意义，而一些戒律就不完全具有进步价值。例如，不杀生的戒律在保护高原生态的同时也致使西藏边境地区广阔的农牧区众多的牲畜不能转化为经济发展成就。一年四季众多的宗教节日和宗教仪式是信教群众日常生活的重要内容，遇到重大宗教节日，信教群众倾巢而出，在促进民族团结和邻里关系和谐的同时，极易形成、发酵为涂尔干所言的"集体意识"，在实践中强化了他们固有的传统文化价值。一些基层党政组织面对难以开展的工作、化解不了的矛盾，甚至会邀请宗教人士去解决。

---

① 参见中华人民共和国国务院新闻办公室《西藏发展道路的历史选择》，载《人民日报》2015年4月16日第14版。

四、西藏边境县农村基层党组织建设存在着诸多特殊的困难

西藏边境县农村基层党组织建设,除了特殊的反分裂斗争形势、反贫困任务和浓厚的宗教文化氛围,也的确面临着有别于祖国内地和"一江两河"流域的特殊问题。

首先,西藏边境县农村基层党组织始终面临着党员队伍思想文化素质较低的困扰。尽管全国范围内农村的党员干部思想文化素质较低是普遍现象,但在西藏边境县的乡村,这样的情况更为严重。例如,截至 2018 年 8 月,林芝市朗县金东乡西日卡边境村共有 49 名党员,其中,藏族 48 名,珞巴族 1 名。49 名党员中,初中文化程度者仅 3 人,小学文化程度者 36 人,其他 10 人是通过在县政府举办的文化班学习,达到能用藏文书写自己的名字及日常用语的文化程度,所有党员基本不能用国家通用语言文字进行交流。[①] 通过进一步的调研即知,以藏文为标准,已掌握藏文的读、写、算能力者就被认为是脱盲者。在这样的标准下,即使是被认定为脱盲者,事实上由于不掌握汉语和基本的现代科学技术,在现代社会中仍然是知识水平低下者。若党员干部的思想文化素质过低,就会出现难以很好地领会和理解各级党委和政府决策部署的情况。更为重要的是,广大基层民众观念落后,对教育的认识仍然存在诸多不正确的方面,短时间内提高党员干部和普通民众的思想文化素质面临着不容乐观的形势。

其次,通过深度访谈,我们发现更令人忧虑的问题是进一步发展党员难,发展有质量的党员更难,一部分藏族青年没有入党的愿望。青年人是党组织的后备力量,是西藏边境地区实现经济社会长

---

① 资料来源于笔者 2018 年 8 月份的调研。资料编号:L-20180804。

足发展和长治久安战略目标的重点力量,他们长期处在党组织之外,不论是对当地的稳定发展中心工作而言,还是对农村基层党组织凝聚人心、夯实基础的核心任务而论,都是极其令人忧虑的。

再次,西藏边境县基层辽阔的地域大大增加了党组织开展活动的困难程度。西藏21个边境县的县域行政管辖面积绝大多数在1万平方千米以上,人口绝大多数在2万人左右,而乡村的行政管辖面积普遍与祖国内地的乡镇行政管辖面积相当,人口居住得相当分散,加之当地的人民群众主要以放牧为生,四季游牧。在此情况下,一方面,由于乡村没有党校,也没有电教设备,党员的学习教育自然是缺失的。如前所述,虽然党的十八大以来,县委党校承担起了党员培养的职能,每个行政村建设起了电教设备和远程教育系统,但是,通过实地调研访谈发现,组织党员学习仍然是一件非常困难的事情,能够参加学习培训的主要是基层党组织的党员领导干部,普通党员较少参与培训。另一方面,如前所述,受党员队伍思想文化素质较低的制约,不仅部分党员不愿意参与党组织的活动,而且一些领导干部不是很清楚党组织的规章制度,"三会一课"基本组织生活制度在实践中很难规范地落实。

复次,西藏边境县农村基层党组织常年奋战在维护稳定的第一线。西藏全区,特别是边境地区反分裂、反"蚕食"斗争的严峻形势,决定了当地农村基层党组织的中心职责是维护稳定,组织各族人民群众进行反分裂、反"蚕食"斗争。每年的敏感节点,更是全员在岗确保稳定,并且,维护稳定是由各级党组织及其书记负责的。这样的工作机制,通过政治强力维护了当地和谐稳定的同时,也对基层党组织建设造成了一定的冲击。一是冲淡了党组织、党员干部对基层组织其他方面建设的重视。在调研中,一些基层党组织书记直言不讳地说,"我们能够维护稳定就可以了,其他的事情不需要去做"。二是维护稳定的政治性、政策性非常强,党的书记责任重大。久而久之,党组织书记"一言堂"的不正常局面就会形成。如此,反而削弱了党组织的组织力和凝聚力。三是党组织及其党员长期奋战在维护稳定的第一线,思想上麻痹大意、行动上消极应对上级的决策部署就成为当地党委和政府非常难以解决的问题。

最后,上述四方面的特殊问题造成了西藏边境县农村基层党组织的战斗堡垒作用发挥得不充分、政治功能和服务功能有待进一步提高的局面。通过调研访谈,笔者发现,一是西藏边境农村基层党组织普遍存在管理上的形式主义,不少重要的工作主要体现在文件上、口头上和墙上。一位乡镇派驻乡村的第一支书直言:制度主要是写在纸上、贴在墙上、挂在嘴上、汇报在文件上。二是部分党员干部的政治敏感性、政治鉴别力不强。不少党员干部对反分裂、反"蚕食"斗争的长期性、艰巨性和复杂性的认识不到位,看不清分裂分子利用"民族""宗教""文化""环保"等话题意图作乱西藏的险恶用心,很少主动深入农牧民群众中去教育和引导他们认清反动分子的分裂本质,更难以有组织地开展反分裂斗争,当然也很少主动去教育和引导广大人民群众转变思想观念、推动当地生产生活方式的转型发展。三是最终的结果是农村基层党组织的战斗力不强,难以对出现的问题做出预前反应和事后的妥当处理。

第四节　凝心聚力做好西藏边境县农村基层党组织建设

党的农村基层组织是党在农村全部工作和战斗力的基础,全面领导乡镇、村的各种组织和各项工作。"当前,农村改革不断深化,决战决胜脱贫攻坚、推动新时代乡村全面振兴,不断满足农民群众日益增长的美好生活需要,必须把党的农村基层组织建设摆在更加突出的位置来抓,充分发挥党组织战斗堡垒作用和党员先锋模范作用，为农村改革发展稳定提供坚强政治和组织保证。"① 在西藏边境县，加强农村基层组织建设，还是加强民族团结、反对民族分裂的有力抓手，是凝聚人心、夯实基础的重要手段，是边境地区实现经济社会长足发展和长治久安战略目标的必要途径。

西藏和平解放近70年来的历史经验清楚地表明，做好新时代的西藏工作，关键在于党，在于各级党组织严格贯彻落实党的治藏方略，为实现"四个确保"战略目标不懈奋斗。习近平总书记指出："党的根基在基层，党的力量在基层，党和国家工作的落实主要靠基层。"② 对于西藏边境县而言，"基层是改革发展的主战场、反分裂斗争的第一线、服务群众的最前沿。只有基层组织强起来，党在西藏的全部工作才会有坚实基础，党的执政基础才能不断巩固，党的事业发展才能全面推进"③。新时代，西藏各级党委，尤其是边境县乡镇党委需要从贯彻落实习近平总书记关于"治边稳藏"的重要论述和加强民族团结、建设美丽西藏的重要指示精神高度，凝心聚力做好边境县农村基层党组织的建设工作，为边境地区顺利实现脱贫攻坚，全面建成小康社会，实现社会局势的持续稳定、长期稳定、全面稳定奠定坚实的组织基础、物质基础和社会心理文化基础。

---

① 新华社：《中共中央印发〈中国共产党农村基层组织工作条例〉》，载《人民日报》2019年1月11日第1版。
② 自治区党委政策研究室：《建强农牧区党的组织 筑牢党的执政根基——认真学习贯彻中央第六次西藏工作座谈会精神》，载《西藏日报》2015年11月12日第1版。
③ 《西藏日报》社：《坚持夯实基础 巩固党在西藏的执政地位——贯彻落实区党委八届七次全委会精神系列评论之七》，载《西藏日报》2015年10月20日第1版。

第七章 新时代加强西藏边境县农村基层党组织建设的思考

2018年11月26日,中共中央政治局召开会议审议《中国共产党农村基层组织工作条例》,2019年1月10日,《中国共产党农村基层组织工作条例》正式公布实施,这是新时代加强边境县农村基层党组织建设的根本遵循。西藏4个边境地市和21个边境县的党委如何对标《中国共产党农村基层组织工作条例》,扎扎实实抓好《中国共产党农村基层组织工作条例》的贯彻落实,以农村基层党组织的政治建设为统领,以提升其组织力为重点,将当地的农村基层党组织按照自治区党委的要求,建设成为"听党话、跟党走、善团结、会发展、能致富、保稳定,遇事不糊涂、关键时刻起作用的坚强战斗堡垒"[①],教育和引导当地各族人民群众理性对待宗教,争做"神圣国土的守护者、幸福家园的建设者",是西藏全区各级党委必须认真思考并做好的重大课题。

第一节 从"治边稳藏"的高度,统筹谋划农村基层党组织建设

2013年3月9日,习近平总书记在参加十二届全国人大一次会议西藏代表团审议时,明确提出了"治国必治边、治边先稳藏"的

---

① 吴英杰:《坚决贯彻总体国家安全观 推动西藏长足发展和长治久安》,载《人民日报》2019年4月18日第11版。

重要论述。这一重要论述把"治国""治边"与"稳藏"有机结合起来，集中体现了马克思主义活的灵魂，是对我国治理边疆的历史经验的高度概括和总结。这一重要论述，继承了中华人民共和国治理西藏的经验，强调了西藏的特殊重要性，并对新时代西藏工作做了精辟概括①，当然也是新时代统筹谋划边境县农村基层党组织建设的根本指导思想。

一、从西藏"两屏四地一通道一前沿"的战略定位，认识边境县农村基层党组织建设的极端重要性

西藏是我国重要的国家安全屏障、重要的生态安全屏障、重要的战略资源保护地、重要的高原特色农产品基地、重要的中华民族特色文化保护地和世界旅游目的地，是我国面向南亚开放的重要通道，是我国同西方敌对势力及其支持的达赖集团分裂活动进行斗争的前沿（简称"两屏四地一通道一前沿"）。正如中央第六次西藏工作座谈会所指出的那样，做好西藏工作，必须从党和国家战略全局的高度，深刻认识西藏工作在维护祖国统一、促进民族团结、反对分裂、巩固我党在西藏的执政基础过程中的重要作用；深刻认识西藏社会除了和全国一样面临的主要矛盾，特殊矛盾依然是中央第五次西藏工作座谈会上提出的各族人民群众同以达赖集团为代表的分裂势力之间的矛盾。新时代，面对维护祖国统一和反对民族分裂的尖锐复杂形势，更需要处理好主要矛盾和特殊矛盾的辩证关系，把维护祖国统一、加强民族团结作为西藏工作的着眼点和着力点，围绕维护国家领土主权完整和加强民族团结、建设美丽西藏的主题，统筹谋划其经济社会发展，在发展中实现社会局势的持续稳定、长

---

① 参见邢广程《"治国必治边、治边先稳藏"重要战略思想研究》，社会科学文献出版社 2016 年版，第 2—4 页。

期稳定和全面稳定。

为此,如前几章所述,西藏自治区党委已经做好了顶层设计。作为具体落实顶层设计的一个重要环节,需要在现有基础上,采取切实有效的符合西藏21个边境县实际情况的措施,全面加强党的农村基层组织建设,有效纠正时至今日依旧存在的各方面问题,真正把农村基层党组织建设成为凝聚人心、夯实基础,听党话、跟党走的坚强战斗堡垒;把农村基层党组织建设成为加强民族团结、维护稳定、反对分裂的坚强战斗堡垒;把农村基层党组织建设成为服务人民群众顺利完成脱贫攻坚任务,如期实现全面建成小康社会的坚强战斗堡垒;把农村基层党组织建设成为教育和引导人民群众实现生产和生活方式转型的坚强战斗堡垒;把农村基层党组织建设成为能把农牧民群众培养成为维护稳定、促进发展的主体的坚强战斗堡垒。

二、以政治建设为统领,深入推进边境县农村基层党组织建设

习近平总书记多次强调指出,把党的政治建设摆在首位,旗帜鲜明地讲政治是我们党作为马克思主义政党的根本要求。党的政治建设是党的根本性建设,决定党的建设的方向和效果。[①] 对于西藏边境县的农村基层党组织而言,政治建设不仅具有极端重要性,而且具有特殊的内涵。

首先,以政治建设为统领,首要的任务是牢固树立"四个意识""四个自信",坚决做到"两个维护",把握好西藏边境县农村基层党组织建设的政治方向。坚决维护习近平总书记党中央的核心、全党

---

① 习近平:《决胜全面建成小康社会 夺取新时代中国特色社会主义伟大胜利》,载《人民日报》2017年10月28日第1版。

的核心地位，坚决维护党中央权威和集中统一领导，这是党的政治建设的首要任务，也是最大的政治、最大的大局。西藏边境县的农村基层党组织应当充分认识做到"两个维护"就是维护党和国家的长治久安，就是维护国家富强、民族振兴、人民幸福，就是维护人民群众的根本利益。在工作实践中，每一个党组织和每一名党员干部要始终对党忠诚、言行一致，不当"两面派""两面人"。

其次，以政治建设为统领，就是要学懂、弄通、做实习近平新时代中国特色社会主义思想，尤其是习近平总书记关于"治边稳藏"的重要论述和加强民族团结、建设美丽西藏的重要指示精神。当前，西藏4个边境地市都采取了一系列措施加强对农村基层党组织党员干部的培训，21个边境县党委都建立了党校，农村基层党组织也配备了电教系统，条件较好的党组织还建立了远程教育系统。在今后的工作实践中，重点是在党组织的统一组织安排下，实现学习教育的全员参与，跟进学习习近平总书记重要讲话精神。更为重要的是，需要深入思考本地的实际情况和发展需要，以习近平新时代中国特色社会主义思想为指导，切实做好稳定工作，做好脱贫攻坚任务，做好群众的教育引导工作，坚定自觉地为实现党的长期执政目标而不懈奋斗。

再次，以政治建设为统领，必须牢记践行全心全意为人民服务的根本宗旨，夯实党在西藏执政的根基。我党把全心全意为人民服务作为根本宗旨，这是区别于其他一切政党的根本标志，当然也是党最大的政治优势。新时代，西藏边境县农村基层党组织建设必须紧扣凝聚人心这个根本，坚持以人民为中心的发展思想，始终把人民放在最高的位置。通过团结和带领当地各族人民群众顺利完成脱贫攻坚任务，实现全面建成小康社会，实现富民兴藏目标，把人民群众凝聚到党组织周围，引导到维护稳定、实现发展、建设美丽西藏的现代化建设大潮中来。

复次，以政治建设为统领，必须贯彻落实新时代党的组织路线。

党的力量来自组织。新时代，西藏边境县农村基层党组织建设要以提升组织力为重点，按照"信念坚定、为民服务、勤政务实、敢于担当、清正廉洁"①的"五好"干部标准与"明辨大是大非的立场特别清醒，维护民族团结的行动特别坚定，热爱各族群众的感情特别真挚"②的"三个特别"民族干部标准，选优配强领导干部队伍，建立崇尚实干、带动担当、加油鼓劲的正向激励体系。全面从严把控党员发展，严格按照标准建设高素质的党员队伍，严格贯彻落实"三会一课"基本制度，建设风清气正的政治生态。

最后，以政治建设为统领，必须强化忧患意识。随着社会主义现代化建设的深入推进，各种矛盾和问题纷繁复杂，加之严峻的反分裂斗争形势，不仅会形成各种矛盾和问题交织的"问题网络"，而且极易同民族问题和宗教问题牵扯在一起。这就要求边境县农村基层党组织不断增强政治敏感性和政治鉴别力，经常分析、研判各自领域面临的风险挑战，努力把风险挑战化解在基层、解决在萌芽状态。

同时，虽然西藏边境县农村基层资源稀缺，腐败发生率较低，但也要加强党风廉洁建设，以"反腐败永远在路上"的正确认知，强化廉政风险防控，推进制度建设，让当地各族人民群众深刻感受到中国共产党的性质、宗旨、先进性与纯洁性及其肩负的神圣使命，将广大农牧民群众紧紧团结在党组织周围。

---

① 新华社：《建设一支宏大高素质干部队伍 确保党始终成为坚强领导核心》，载《光明日报》2013年6月30日第1版。

② 新华社：《中央民族工作会议暨国务院第六次全国民族团结进步表彰大会在北京举行》，载《光明日报》2014年9月30日第1版。

三、围绕争做"神圣国土的守护者、幸福家园的建设者",全面加强农村基层党组织建设

2017年10月28日,习近平总书记给山南市隆子县玉麦乡的卓嘎、央宗姐妹回信。习近平总书记在回信中高度肯定了卓嘎、央宗两姐妹与父亲两代人接力守边的行为和建设家乡的精神。① 2018年10月19日,中共中央宣传部做出表彰决定,授予卓嘎、央宗姐妹"时代楷模"称号。② 随后,中央统战部、中央宣传部、国家民委联合下发了《关于向"时代楷模"卓嘎、央宗姐妹学习的通知》③,号召西藏及四省藏区党员干部率先垂范,认真学习领会、贯彻落实习近平总书记重要回信精神,积极向以卓嘎、央宗姐妹为代表的守边人学习,坚定理想信念,弘扬爱国奉献精神,勇于担当作为,立足岗位实际,努力为建成小康社会和实现中华民族伟大复兴做贡献。2018年11月,自治区党委宣布《关于开展向"时代楷模"卓嘎、央宗姐妹学习活动的决定》④。

西藏21个边境县特殊的地理区位和繁重的稳定发展任务,决定了其农村基层党组织建设的目标导向是积极作为,率先垂范,教育和引导广大农牧民群众争做"神圣国土的守护者、幸福家园的建设者"。正如自治区党委书记吴英杰同志所指出的,首先是党组织带领党员干部学习,重点学习卓嘎、央宗姐妹永远在党爱党的政治品格、

---

① 参见新华社《习近平回信勉励西藏牧民群众 像格桑花一样扎根在雪域边陲 做神圣国土的守护者 幸福家园的建设者》,载《人民日报》2017年10月30日第1版。
② 参见新华社《中宣部授予卓嘎、央宗姐妹"时代楷模"称号》,载《光明日报》2018年10月20日第4版。
③ 参见侯广臣、赵瑞阳《中央统战部、中宣部、国家民委下发〈通知〉要求:向"时代楷模"卓嘎、央宗姐妹学习》,载《西藏日报》2019年1月13日第1版。
④ 参见陈振东《自治区党委决定开展向"时代楷模"卓嘎、央宗姐妹学习活动》,载《西藏日报》2018年11月15日第1版。

恪尽职守的担当精神、崇高的爱国守边精神、贡献一切的奉献精神、勤劳一生的劳动精神①。

边境地区是西藏作为重要的国家安全屏障的第一道防线，是捍卫国家主权和领土完整的前沿阵地。边境地区的发展和稳定，事关西藏全区的安全、经济发展、民族团结、社会稳定，事关国家主权和领土完整，维护边境地区稳定至关重要。新时代，西藏边境县农村基层党组织需要通过建设，切实强化党组织的凝聚力和战斗力，教育和引导广大农牧民群众深刻领会总书记回信中体现的"治国必治边、治边先稳藏"重要论述的精神实质和总体国家安全观，牢固树立"有国才能有家，没有国境的安宁，就没有万家的平安"②的认识，积极发扬中华民族自古以来热爱祖国、扎根边疆、保家卫国、建设家乡的优良传统，把放牧守边作为神圣职责，看好守好祖国疆域的一草一木，以边境地区安全和谐的成果拱卫国家总体安全；坚决实施治边与固边并重、屯兵与安民并举的战略，按照全区公安边防部队边境管控体系建设推进会的决策部署，铸就"一个边民就是一个哨兵、一个家庭就是一所哨所、一个村庄就是一个堡垒"③的捍卫边疆、巩固国防的钢铁长城。按照习近平总书记在党的十九大报告中"我们绝不允许任何人、任何组织、任何政党、在任何时候、以任何形式、把任何一块中国领土从中国分裂出去"④的重要指示，以强边固边、兴边富民为核心，紧紧抓住繁荣发展、维稳固边两个关键，切实做到守土有责、守土负责、守土尽责，让爱国奉献在血

---

① 参见吴英杰《坚定不移做神圣国土守护者和幸福家园建设者——卓嘎、央宗姐妹先进事迹的精神内涵和时代价值》，载《新西藏》2019年第1期，第10—11页。

② 新华社：《习近平回信勉励西藏牧民群众　像格桑花一样扎根在雪域边陲　做神圣国土的守护者　幸福家园的建设者》，载《人民日报》2017年10月30日第1版。

③ 吴英杰：《坚决贯彻总体国家安全观　推进西藏长足发展和长治久安》，载《人民日报》2019年4月18日第11版。

④ 习近平：《决胜全面建成小康社会　夺取新时代中国特色社会主义伟大胜利》，载《人民日报》2017年10月28日第1版。

液里流淌，让五星红旗永远在祖国的边疆上空高高飘扬。

第二节　高扬"老西藏精神"和爱国守边精神，强化农村基层党组织的精神之"钙"

在自然条件极为艰苦的西藏边境地区生活和工作，必须具有热爱伟大祖国、热爱西藏的崇高情怀和奉献祖国边疆的高尚品质。1951年解放军进藏以来，逐步形成了以"特别能吃苦、特别能战斗、特别能忍耐、特别能团结、特别能奉献"为核心内涵的"老西藏精神"，这正是人民解放军"以大无畏的革命精神，在雪域高原践行社会主义价值理念而形成的精神形态"。这一精神表现为热爱祖国，热爱西藏，全心全意为西藏人民服务的思想和行动，表现为"一不怕苦，二不怕死"的革命乐观主义精神和英雄主义气概及自力更生、艰苦创业的精神[①]。同时，自西藏和平解放以来，一代又一代的边境地区各族人民群众切实践行"老西藏精神"，不畏艰苦守护祖国边疆，形成了广为称颂的爱国守边精神。2017年10月28日，习近平总书记给隆子县玉麦乡卓嘎、央宗姐妹的回信中，高度肯定了长期守护边境安宁的伟大精神，这是对"老西藏精神"内涵的丰富与发展[②]。西藏自治区党委书记吴英杰同志认为，卓嘎、央宗姐妹"是加强民族团结、建设美丽西藏的杰出代表；是争做神圣国土守护者、幸福家园建设者的杰出代表；是讲政治、有信念，讲规矩、有纪律，讲道德、有品行，讲奉献、有作为的优秀共产党员；是讲党恩爱核心、讲团结爱祖国、讲贡献爱家园、讲文明爱生活的先锋模范；是

[①] 参见高峰《试论老西藏精神的科学内涵及当代价值》，载《西藏民族大学学报》（哲学社会科学版）2015年第6期，第96页。

[②] 参见王彦智《新时代背景下加快西藏边境乡村振兴的思考——学习十九大精神的体会》，载《西藏民族大学学报》（哲学社会科学版）2018年第1期，第12页。

全区广大党员和各族干部群众学习的时代楷模"①。

精神的力量是巨大的。习近平总书记在中央第六次西藏工作座谈会上的讲话中指出:"在高原上工作,最稀缺的是氧气,最宝贵的是精神。长期以来,一代又一代共产党员舍弃常人所拥有的、放弃常人所享受的,扎根雪域高原,矢志艰苦奋斗。广大党员、干部要发扬优良传统,不断为'老西藏精神'注入新的时代内涵。"②

在新的时代,建设好边境乡村,建强边境乡农村基层党组织,西藏各级党政干部、边境县农村基层党组织及其领导下的边境地区各族群众,尤其需要秉持"老西藏精神"和爱国守边精神的特质,大力弘扬卓嘎、央宗姐妹"爱国、敬业、诚信、友善"的优秀品格,不断赋予社会主义核心价值观新的时代内涵和新的实践价值。通过学习和弘扬这种精神,党员干部要本着对党、对祖国、对人民高度负责的态度,学出对以习近平同志为核心的党的忠诚和担当,学出坚定的马克思主义信仰而不是宗教信仰和封建迷信,学出干事创业的劲头和本领,学出维护国家安全和建设家乡的责任感,学出廉洁自律和全心全意为人民服务的意识,不断夯实维护边境地区和谐稳定的政治基础、群众基础和社会基础。

在这方面,山南市的做法具有一定的借鉴和推广价值。近年来,山南市委及各边境县党委坚决贯彻习近平总书记提出的"理想信念是共产党人的精神之'钙',没有理想信念,理想信念不坚定,精神上就会'缺钙',就会得'软骨病'"③的重要指示,始终把坚定理想信念、加强党性修养、提升道德境界作为重点,坚持用理论成果

---

① 吴英杰:《坚定不移做神圣国土守护者和幸福家园建设者——卓嘎、央宗姐妹先进事迹的精神内涵和时代价值》,载《新西藏》2019 年第 1 期,第 10 页。
② 新华社:《依法治藏富民兴藏长期建藏 加快西藏全面建成小康社会步伐》,载《人民日报》2015 年 8 月 26 日第 1 版。
③ 新华社:《紧紧围绕坚持和发展中国特色社会主义 学习宣传贯彻党的十八大精神——在十八届中共中央政治局第一次集体学习时的讲话》,载《人民日报》2012 年 11 月 19 日第 2 版。

指导实践，按照学懂、弄通、做实的要求，坚持读原著、学原文、悟原理，持续学、深入学、反复学，重点学习习近平新时代中国特色社会主义思想、《习近平谈治国理政》（第1卷、第2卷、第3卷）、党的十九大报告等内容，深刻领会、全面把握精神实质，把每一点都领会深、领会透，真正用习近平新时代中国特色社会主义思想和党的十九大精神统一思想、武装头脑、指导实践、推动工作。坚持把学习习近平新时代中国特色社会主义思想和党的十九大精神与学习马克思主义基本原理贯通起来，与学习贯彻习近平总书记系列重要讲话、批示指示精神，特别是关于"治边稳藏"的重要论述贯通起来，做到融会贯通、学以致用。坚持把学习贯彻习近平新时代中国特色社会主义思想和党的十九大精神落实到具体工作中，无论是党的基层组织建设，还是突出发展、稳定、生态"三个重点"，办好改善民生、脱贫攻坚、夯实基础、拉萨山南一体化发展"四件大事"等具体工作，都做到以新发展理念、总体国家安全观、以人民为中心等新思想新理念指导、推动工作，取得了较好的成效。①

第三节 以加强民族团结进步为着眼点，创新农村基层党组织建设

维护祖国统一、加强民族团结是新时代西藏工作的着眼点和着力点。这项工作做好了，既能为西藏经济发展、民生改善创造有利条件，也是对党和国家工作大局的最大贡献。新时代，西藏边境县农村基层党组织应当围绕着加强民族团结进步这一着眼点和着力点进行建设，不断夯实维护祖国统一的社会文化心理基础。

一般而言，民族团结是指"一个多民族社会为了实现共同的理

---

① 资料来源于笔者2019年5月份的调研。资料编号：S-20190501。

想或完成共同社会目标，凝聚、联合不同民族成员或民族内部力量保障社会合作的进程"①。民族进步，是指各民族"实现共同进步，就是要把加快少数民族和民族地区发展作为现阶段民族工作的主要任务，采取更加有力的措施，显著加快民族地区经济社会发展，显著加快民族地区保障和改善民生进程，全面推进民族地区社会主义经济建设、政治建设、文化建设、社会建设以及生态文明建设，维护各族人民根本利益，让各族人民共享改革发展成果"②。因此，民族团结进步，实质就是国家以制度、政策、措施、行政机制和社会机制等各种动员手段、载体来协调民族关系，促进民族发展，实现民族平等和睦相处、民族和谐发展进步③。

一、深化民族团结进步教育，筑牢反分裂斗争的思想根基

深化民族团结进步教育是维护民族团结最为重要的方式方法。新时代，西藏边境县党委及其农村基层党组织不仅要系统地学习习近平总书记关于民族团结的重要论述，更要采取切实有效的措施，不断增强学习教育的针对性和实效性。

首先，新时代，西藏边境县党委及其农村基层党组织要深入学习习近平总书记关于民族团结的重要论述，牢牢把握各民族"共同团结奋斗、共同繁荣发展"的民族工作主题，对党员领导干部和全体农牧民深入持久地开展"三个离不开""民族团结一家亲，同心共

---

① 周竞红：《实效之求：民族团结创建活动与载体》，载《齐齐哈尔大学学报》（哲学社会科学版）2015 年第 10 期，第 31 页。
② 胡锦涛：《在国务院第五次全国民族团结进步表彰大会上的讲话》，载《今日民族》2009 年第 10 期，第 7 页。
③ 参见金炳镐、文兵、张娇《中国"民族团结进步"实践的内涵、历程和特点——民族团结进步理论与实践研究系列之五》，载《黑龙江民族丛刊》2017 年第 3 期，第 6 页。

筑中国梦"和"团结稳定是福、分裂动乱是祸"的思想教育，进一步巩固和发展平等、团结、互助、和谐的社会主义民族关系。

其次，西藏边境县党委及其农村基层党组织要加强对民族团结进步教育工作的领导，经常研究、部署民族团结进步教育事项。通过对民族团结进步事业的教育、宣传和示范，让当地各族人民群众始终牢记维护民族团结和祖国统一是全区各族人民的最高利益，采取切实措施促进各民族间的交往交流交融，不断强化已经形成的各民族手足相亲、守望相助、和睦相处、和衷共济、和谐发展的良好局面。

再次，西藏边境县党委及其农村基层党组织要深入开展民族理论、民族政策和宗教政策的学习教育，积极推进民族团结工作常态化、制度化，使民族团结的思想深深扎根在各族人民群众的心中。充分利用好"民族团结进步教育月""民族团结进步宣传月"品牌，用卓嘎、央宗姐妹的先进事迹，"国旗老阿妈"次仁曲珍的感人故事，对口支援等鲜活的人与事题材，以"润物细无声"的方式达成教育目标。

最后，加强民族团结，必须紧紧围绕做好反分裂斗争、维护国家安全这个核心。"利莫大于治，害莫大于乱。"（《管子·正世》）十四世达赖集团的分裂破坏活动始终是影响西藏和邻省藏族聚居区稳定的主要根源。西藏边境县党委及其农村基层党组织要教育和引导广大人民群众深刻认识十四世达赖集团政治上的反动性、宗教上的虚伪性和手法上的欺骗性，深刻认识十四世达赖集团的"大藏区""中间道路""高度自治""西藏独立"的险恶用心，深刻认识反分裂斗争的长期性、尖锐性、复杂性，自觉与十四世达赖集团划清界限。要毫不动摇地坚持依法打击一切分裂祖国、破坏社会稳定的活动，始终做到旗帜鲜明、立场坚定、认识统一、表里如一、态度坚决、步调一致，牢牢掌握反分裂斗争的主动权，努力把当地的各族人民群众培养成为维护稳定的主体。

二、铸牢中华民族共同体意识,增强"五个认同"

铸牢中华民族共同体意识,是维护民族团结最为重要的基础。习近平总书记在中央民族工作会议上强调指出:"解决好民族问题,物质方面的问题要解决好,精神方面的问题也要解决好。"①

新时代,一方面,西藏边境县委及其农村基层党组织要教育和引导当地各族人民群众牢固树立正确的祖国观、历史观、民族观。我国是统一的多民族国家,多民族大一统格局是我国历史发展的主脉,西藏人民同全国各族人民共同缔造了伟大的祖国,创造了灿烂的中华文化,各民族文化是中华文化的重要组成部分,统一的多样性的中华文化始终是西藏各族人民的情感依托、心灵归属和精神家园。另一方面,必须加强各族人民群众对国家的认同。一般而言,国家认同是指一个国家的成员对所属国家的历史文化传统、国家主权、政治道路、政治主张、道德价值观念等的认可,是现代国家合法性的基础。在西藏这一边疆民族地区,加强各族人民群众对国家的认同,能够为边疆地区治理、国家安全建设奠定坚实的心理情感基础,能够建立起推动当地的科学发展和现代化进程、进一步夯实各民族交往交流交融的基石,能够挖掘出边疆少数民族地区改革发展的巨大原动力。最终的目的是不断强化当地各族人民群众对伟大祖国的认同、对中华民族的认同、对中华文化的认同、对中国共产党的认同、对中国特色社会主义的认同。

在中国特色社会主义进入新时代,在全面建成小康社会决胜阶段,全国各族人民勠力同心,为实现"两个一百年"奋斗目标、实现中华民族伟大复兴的中国梦而团结奋斗的时代背景下,应遵循国

---

① 新华社:《中央民族工作会议暨国务院第六次全国民族团结进步表彰大会在北京举行》,载《人民日报》2014年9月30日第1版。

家主义的价值取向，在思想文化层面，通过日常教育、媒体宣传和党员干部的切实示范等，推广社会主义核心价值体系，使其在西藏边境地区得以牢固树立和深入人心，使其融入各族人民群众的日常生活之中，不断强化人民群众的国家认同心理。在实践层面，牢牢把握改善民生、凝聚人心这个出发点和落脚点，用好用足中央的特殊扶持政策和全国支援西藏的特殊优惠政策，促进经济社会的持续健康发展。同时，坚持自力更生、艰苦奋斗，全面深化改革，着力激发市场活力，不断提高发展能力，不断提高发展质量和效益，不断增强各族人民群众的发展参与度和获得感。

三、加强各民族间的交往交流交融，夯实民心基础

加强各民族交往交流交融，是维护民族团结最现实的途径。习近平总书记指出："实现中国梦必须凝聚中国力量。这就是中国各族人民大团结的力量。"① "加强中华民族大团结，长远和根本的是增强文化认同，建设各民族共有精神家园，积极培养中华民族共同体意识。"② 民族交往交流交融是促进民族团结、培养中华民族共同体意识的关键。其中，民族交往是基础。不同民族之间的交往过程，也是民族关系协调的过程。通过增进交往，各民族之间能够相互理解、彼此尊重。民族交流是实质。各民族在生产、生活、宗教和艺术等方面加强交流，才能相互学习借鉴、取长补短，不断缩短彼此在经济、科技、文化等方面的差距，才能实现共同发展繁荣。民族交融是核心。它不是强制融合，更不是人为消除差异，而是在尊重差异的基础上包容多样性、增强共同性。在扩大各民族交往交流中促进

---

① 习近平：《在第十二届全国人民代表大会第一次会议上的讲话》，载《人民日报》2013年3月18日第1版。
② 新华社：《中央民族工作会议暨国务院第六次全国民族团结进步表彰大会在北京举行》，载《人民日报》2014年9月30日第1版。

民族交融,将推动各民族在各个方面融会贯通,共同为实现中华民族伟大复兴的中国梦努力奋斗。①

新时代,西藏边境县党委及其农村基层党组织需要运用好西藏全区已经践行了若干年的"认亲结对交朋友"活动,借鉴日喀则市、山南市等边境地市推广的党员志愿者服务活动,从本地区广大党员干部和人民群众的日常工作生活入手,从具体事情做起,和结对认亲户共创共建,在共同生产生活和工作学习中加深各民族同志间的友谊,增进感情,密切党组织与各族群众的血肉联系;从帮助结对认亲户解决最希望办、最迫切办、眼下能够办好的实际问题入手,让各族群众切身感受到党和政府的关怀,感受到祖国大家庭的温暖和各族党员干部的无私援助;通过鼓励、支持当地党员干部和人民群众到对口支援省市交流学习、务工、旅游,让各族人民群众如同亲戚一般越走越亲,不断夯实民族交往交流交融的群众基础和民心基础。

四、促进各民族像石榴籽那样紧紧抱在一起,同心共筑中国梦

促进各民族像石榴籽那样紧紧抱在一起,是维护民族团结最理想的状态。这句话本是习近平总书记在第二次中央新疆工作座谈会上首次提出的。② 它来源于新疆经验,推广于全国范围,形象生动地描述了"你中有我、我中有你、谁也离不开谁"③ 的中华民族命运共

---

① 参见何星亮《中华民族在互动融合中形成和发展》,载《人民日报》2016年7月22日第7版。

② 参见《"像石榴籽那样紧紧抱在一起"(习近平讲故事)》,载《人民日报·海外版》2019年7月4日第5版。

③ 新华社:《中央民族工作会议暨国务院第六次全国民族团结进步表彰大会在北京举行》,载《人民日报》2014年9月30日第1版。

同体格局。只有通过全方位、多层面的互嵌，各民族紧紧团结在一起，才能同心同德、分两个阶段实现全面建成富强民主文明和谐美丽的社会主义现代化强国的奋斗目标，才能实现中华民族伟大复兴的中国梦①。

笔者在调研中发现，日喀则市近年来大力推进全国民族团结进步示范市建设。其经验主要是以党的领导为核心、以维护稳定为基石、以改善民生为根本、以思想教育为先导、以创建活动为纽带、以文化建设为灵魂，坚定不移地巩固和发展民族团结，不断增进各族群众"五个认同"，为加快建设和谐、文明、幸福、美丽的日喀则画出最大同心圆、形成最大公约数、汇聚最大正能量。《西藏日报》、中国西藏新闻网等媒体均进行了报道②。日喀则市桑珠孜区城北街道幸福社区在社区文化大院制作了民族团结宣传专栏，在"3·28西藏百万农奴解放纪念日""6·2民族团结进步日""七一党建日"等重大节庆节点，开展丰富多彩的系列活动，大力宣传党的民族政策，增进各民族间的感情。利用公益广告牌、社区文化专栏等文化阵地宣传"五个认同"和"三个离不开"思想。据社区主任介绍，截至2018年8月，该社区1178户人中，有23户不同民族的家庭通婚，是较为典型的民族团结进步社区。③

新时代，西藏边境县农村基层党组织在建设过程中，可以借鉴日喀则市和桑珠孜区幸福社区的经验，全面加强党对民族团结进步工作的领导，从加强民族团结进步文化建设入手，充分利用各个重大事件节点加强对各族人民群众的思想政治教育，党员领导干部带

---

① 参见乌小花《习近平新时代民族团结进步思想的多维度与新内涵》，载《中央民族大学学报》（哲学社会科学版）2017年第6期，第32页。

② 参见陈林《民族团结是各族人民的生命线》，载《西藏日报》2018年11月27日第12版；参见陈林、张斌、楚武干《日喀则市全国民族团结先进示范市工作：珠峰脚下盛开团结花》，中国西藏新闻网，2018年12月11日，见 http://www.xzzw.com/xw/xzyw/201812/t20181211_2470720.html。

③ 资料来源于笔者2018年8月份的调研访谈。资料编号：R-20180802。

头鼓励和支持各族人民的通婚,将基层每个人的力量、各民族的力量汇集到全面建成小康社会,深入推进乡村振兴的大潮中来。

五、共同团结奋斗,共同繁荣发展

共同团结奋斗,共同繁荣发展,是维护民族团结最根本的宗旨,是我国民族工作的主题。新时代,西藏边境县农村基层党组织需要全面加强其服务功能,紧紧围绕脱贫攻坚和全面建成小康社会目标,借鉴山南市"党建+集体经济"的模式,发挥好基层党组织制定本地经济发展规划,组织、动员各方面力量的功能,采取从本村致富能手、农民经纪人、合作社负责人等优秀人才中选拔的办法,着力把一批懂经营、善管理、发展集体经济意识强的能人选为村干部。同时,坚持把有头脑、有眼光的外地务工人员请回来,用他们的先进理念影响和带领群众致富强村。

六、全面贯彻党的宗教工作方针,积极引导宗教与社会主义社会相适应

对于西藏边境县的农村基层党组织建设而言,除了围绕上述五个方面做好民族团结进步工作,做好基层社会的宗教工作同样具有十分重要的意义。2016年4月22日—23日,全国宗教工作会议在北京召开。习近平总书记在此次会上的讲话中指出:"做好宗教工作,必须坚持党的宗教工作基本方针,要全面贯彻党的宗教信仰自由政策,依法管理宗教事务,坚持独立自主自办原则,积极引导宗教与社会主义社会相适应。"①

---

① 新华社:《发展中国特色社会主义宗教理论 全面提高新形势下宗教工作水平》,载《光明日报》2016年4月24日第1版。

新时代，西藏边境县农村基层党组织建设应当全面加强党对宗教工作的领导，党员领导干部严格落实不信仰宗教的政治要求，积极宣传党的宗教政策，深入揭穿达赖集团在宗教问题上散布的谎言；依法加强对乡村宗教活动场所和宗教人士的管理，教育和引导宗教人士积极践行社会主义核心价值观，弘扬中华文化，努力把宗教教义融入中华文化之中；深入开展"四讲四爱"主题实践教育活动，教育和引导广大农牧民群众理性对待宗教，淡化宗教的消极影响，注重现实的幸福生活。最终的落脚点是最大限度地把广大信教和不信教的群众团结起来，团结基层各族人民群众，拥护中国共产党领导、拥护社会主义制度，坚持走中国特色社会主义道路，教育和引导他们既"富口袋"又"富脑袋"，主要依靠自己的辛勤劳动创造幸福美好的生活，建设美好家园。

第四节 推进乡村振兴，进一步巩固农村基层党组织建设的基础

习近平总书记在党的十九大报告中指出，"农业农村农民问题是关系国计民生的根本性问题，必须始终把解决好'三农'问题作为全党工作重中之重。要坚持农业农村优先发展，按照产业兴旺、生态宜居、乡风文明、治理有效、生活富裕的总要求，建立健全城乡融合发展体制机制和政策体系，加快推进农业农村现代化"[①]。这是党中央着眼于推进"四化同步"、城乡一体化发展和全面建成小康社会做出的重大战略决策。2018年1月2日，中共中央、国务院出台了《中共中央 国务院关于实施乡村振兴战略的意见》，对实施乡村

---

① 习近平：《决胜全面建成小康社会 夺取新时代中国特色社会主义伟大胜利》，载《人民日报》2017年10月28日第1版。

振兴战略做出了全面而具体的部署,为新时代农业农村的改革发展指明了重点和方向①。2019年1月10日,《中国共产党农村基层组织工作条例》颁布实施,《中国共产党农村基层组织工作条例》第四章中,明确了党的农村基层组织"应当加强对经济工作的领导,坚持以经济建设为中心,贯彻创新、协调、绿色、开放、共享的发展理念,加快推进农业农村现代化,持续增加农民收入,不断满足群众对美好生活的需要"②。2019年2月19日,《中共中央 国务院关于坚持农业农村优先发展做好"三农"工作的若干意见》发布,这是21世纪以来,党中央连续发出的第十六个"一号文件"。《中共中央 国务院关于坚持农业农村优先发展做好"三农"工作的若干意见》要求发挥"三农"压舱石作用,以实施乡村振兴战略为总抓手,对标全面建成小康社会"三农"工作必须完成的硬任务,抓重点、补短板、强基础,坚决打赢脱贫攻坚战,充分发挥农村基层党组织战斗堡垒作用,全面推进乡村振兴。③

中央第六次西藏工作座谈会明确提出,西藏工作的出发点与落脚点是改善民生,凝聚人心;党的十八大以来西藏自治区基层党组织建设的重要经验之一是党组织能够团结当地各族人民群众,凝心聚力谋发展。④ 笔者认为,新时代,西藏边境县的农村基层党组织建设应当切实发挥党组织在乡村振兴中的领导核心作用,通过落实乡村振兴战略,动员和带领当地各族人民群众全力打赢脱贫攻坚战,

---

① 参见新华社《中共中央 国务院关于实施乡村振兴战略的意见》,载《人民日报》2018年2月5日第1版。

② 新华社:《中共中央印发〈中国共产党农村基层组织工作条例〉》,载《人民日报》2019年1月11日第1版。

③ 参见新华社《中共中央 国务院关于坚持农业农村优先发展做好"三农"工作的若干意见》,载《人民日报》2019年2月20日第1版。

④ 参见新华社《依法治藏富民兴藏长期建藏 加快西藏全面建成小康社会步伐》,载《人民日报》2015年8月26日第1版;张小莉《新时代提升西藏基层党组织组织力初探》,载《西藏日报》2019年1月2日第6版。

如期实现脱贫目标，巩固脱贫攻坚成果，防止返贫，组织发展乡村致富产业，推动农牧民就地就近就业创业，教育和引导农牧民积极转变生产生活方式，逐步使其主要依靠自己的辛勤劳动创造美好生活。

一、西藏边境县乡村振兴的现有基础①

党的十八大以来，西藏自治区党委和政府认真贯彻落实党的治藏方略，不断加大对边境地区经济社会发展的倾斜力度和支持力度，边境地区地市、县、乡镇党委和政府采取了一系列有效措施，开创了边境乡村发展的新局面。

首先，加强乡村党政组织建设，为边境乡村社会的稳定发展奠定组织基础。如前几章所述，按照自治区党委的统一安排部署，林芝、山南、日喀则和阿里4个边境地市研究制定并认真贯彻落实《关于进一步加强乡镇工作的意见》《关于进一步加强村（居）"两委"工作的意见》《关于加强边境地区党建工作的意见》等政策文件，全面加强边境乡村党政组织、干部队伍建设，实现了农村基层党组织的全覆盖。在一系列有力措施的支持下，西藏边境县农村的党政组织建设得到了显著加强，为边境乡村的和谐稳定和长足发展提供了组织制度保障。

其次，加强基础设施建设，为边境乡村的稳定发展做好基础条件保障。据报道，党的十八大以来，西藏边境地区基本实现油路通达，边境乡镇和行政村实现村村通公路。如阿里地区边防公路通车里程达891千米。其中，投资3.4亿元建成了空岔口至空喀山口边防

---

① 该部分的主要内容作为课题的阶段性成果已经发表。参见王彦智《新时代背景下加快西藏边境乡村振兴的思考——学习十九大精神的体会》，载《西藏民族大学学报》（哲学社会科学版）2018年第1期，第8—11页。

公路，投资8700万元建设了且坎至219国道边防公路，投资1.5亿元建成了那木如至什布奇边防公路，投资2.6亿元建成了空尼岔口至尼亚格祖至班摩掌边防公路，投资1.8亿元建成了札达至达巴边防公路，投资2.4亿元建成了札达至波林边防公路，等等。加强边境一线能源建设力度，完成边境县联网工程，有效地缓解了边境地区用电难问题。全面加强通信网络建设，偏远地区通信项目顺利推进，实现了边境乡镇光缆、行政村和边防连队通信全覆盖。加强科技控边能力建设，统筹资金整合力量，主动加强与各通信部门的协调联动和对接，不断提高科技控边的能力水平。[①] 同时，各地市由组织部门牵头，综合考虑边境乡村的经济社会发展、人口规模、地理交通等因素，建设了标准化的乡村"两委"活动场所。

　　再次，着力改善民生，做好、做实基层基础。各地市根据自治区党委和政府的统一安排及本地的财政实际，认真落实边民补助、草原生态保护补助和奖励、林业补助等政策，边民享受国家各项补助政策的收入占人均现金收入的60%。坚持按照中国共产党西藏自治区第九次代表大会精神要求，把本级财政收入的70%以上用于改善民生。截至2017年年底，在教育方面，西藏21个边境县设有幼儿园279所，在园幼儿11493人，边境地区学前"双语"（指藏、汉语）教育普及率大幅提高；全面落实教育惠民政策，建立了涵盖学前教育到研究生教育阶段的学生资助政策体系；大力建设水、电、路、通信、气、广播电视、邮政和优美环境"农家书屋"等工程，边境乡镇、村基本实现全通公路（主要为砂石路），安全饮水人口覆盖率90%[②]。同时，各边境地市、县、乡镇大力实施政策支边、产业富边政策，取得了显著的成就。

---

　　① 参见《西藏日报》社《加强维护稳定工作　积极创建平安边境》，载《西藏日报》2017年12月18日第2版。
　　② 参见《西藏日报》社《加强维护稳定工作　积极创建平安边境》，载《西藏日报》2017年12月18日第2版。

最后，建立了符合实际情况的边境管控机制，维护了边境地区的和谐稳定。边境地区的安全稳定事关全区的和谐稳定，在上述举措的支持下，边境乡村实现了总体的稳定目标。同时，党的十八大以来，西藏边境地区地市、县、乡镇党委和政府加大边境巡察力度，发动边境乡村农牧民守边执勤，坚持把培养边民的国家意识作为核心，把强化边民的国防观念作为关键，在重要山口、通道、执勤点和乡村的醒目位置，统一制作以爱民固边、军民团结、维护稳定、反对分裂为主题的宣传标语牌，以家家户户悬挂国旗和领袖像等方式，深入宣传国防知识、边境管理政策，把国防教育融入边民的日常生产生活中。据曾任自治区财政厅副厅长的姜国杰同志介绍，西藏自治区在全国率先建立边民补贴制度，实施普惠性与工作制相结合的边民补助政策。2016年落实边境地区转移支付资金11.94亿元，增加了边民收入，改善了边境地区群众生产生活条件，激发了边境地区农牧民参与边境管控的积极性、主动性。2017年自治区财政统筹整合资金60亿元，支持边境地区经济社会发展，加大兴边富民行动和边境地区转移支付支持力度。同时，将边境一线、二线乡镇边民补助标准从2012年的每人每年1000元、800元分别提高到2016年的每人每年1700元、1500元，2017年分别达到每人每年2700元、2500元，惠及一线、二线16周岁及以上边民群众16万余人。[1]

这些边境管控机制取得了实实在在的成效。正如山南市隆子县玉麦乡卓嘎、央宗姐妹收到习近平总书记的回信后所说的那样："共产党就是我们心中的红太阳。……我们一定让总书记放心，我们不但能看好守好祖国的一草一木，而且一定能把玉麦建成幸福、美丽的小康乡！"[2]

---

[1] 参见王菲《我区在全国率先建立边民补贴制度》，载《西藏日报》2017年9月10日第1版。

[2] 邓建胜：《收到总书记回信后，西藏玉麦乡卓嘎、央宗姐妹表示"祖国的一草一木，我们都能看好守好"》，载《人民日报》2017年10月30日第4版。

二、加强西藏边境县农村基层党组织对乡村振兴工作的领导

落实乡村振兴战略,党在农村的基层组织建设是关键。中华人民共和国成立以来,我们党在乡村治理中已经形成一套有效管用的治理工具体系,特别是党的十八大后,通过系列化的措施加强农村基层党组织建设,具有了非常好的基础,也积累了一些好的经验。

首先,通过加强西藏边境县农村基层党组织的思想建设,发挥基层党组织的思想引领作用。按照《中国共产党农村基层组织工作条例》的规定,农村基层党组织建立与发展的指导思想是高举中国特色社会主义伟大旗帜,首要职责是"宣传和贯彻执行党的路线方针政策和党中央、上级党组织及本乡镇党员代表大会(党员大会)的决议"①。党的十八大以来,西藏边境县农村基层党组织坚持加强党的思想建设,坚持以习近平新时代中国特色社会主义思想为指导,用习近平新时代中国特色社会主义思想,尤其是习近平总书记关于"治边稳藏"的重要论述,以及维护祖国统一、加强民族团结和建设美丽西藏的重要指示精神武装农村党员头脑。在全国上下深入贯彻落实乡村振兴战略的背景下,西藏边境县的农村基层党组织需要深入学习习近平总书记关于"三农"的思想,学习乡村振兴等的政策文件,领会好、落实好乡村振兴的每一个环节。

其次,经过党的十八大以来深入推进农村基层党组织建设,西藏边境县农村基层党组织已经具有较为完备的组织结构,以及他们之间的协调关系,借助基层的组织载体能够将乡村振兴战略规划转化为具体的行动。这里需要注意的是,西藏边境县农村基层党组织

---

① 新华社:《中共中央印发〈中国共产党农村基层组织工作条例〉》,载《人民日报》2019年1月11日第1版。

要根据本村的实际情况，在充分征求村民意见的基础上做好实现乡村振兴的统筹规划，发挥好党员干部的先锋模范带头作用，通过党员的率先垂范和生动的乡村振兴实践，带动广大农牧民群众致富，使其逐渐成为乡村振兴战略实施的行动主体。

最后，以党的制度为核心的基层党政组织制度体系建设，是推动乡村振兴战略的制度基础。基层党组织的制度建设是党建非常重要的内容之一。当前，西藏边境县农村基层党组织的"三会一课"基本制度、组织决策制度、经费保障制度、绩效考核制度等都较为完善，运转良好。新时代，西藏边境县农村基层党组织在领导乡村振兴的过程中，须进一步完善和健全民主集中制，认真执行党章和党内政治生活规定的制度，按照《中共中央　国务院关于坚持农业农村优先发展做好"三农"工作的若干意见》的要求，建立起农村基层党组织与村居委员会班子主要成员交叉任职机制，健全村级重要事项、重大问题由村党组织研究讨论决策机制和财务制度，实现财务安全、高效运行。

三、强化西藏边境县农村基层党组织在乡村振兴中的服务功能

2017年12月8日，西藏边境工作会议在拉萨召开，会议期间，与会人员就《中共西藏自治区委员会、西藏自治区人民政府、西藏军区关于加快边境地区发展的意见（讨论稿）》进行了分组讨论。

新时代，充分发挥党的农村基层组织在西藏边境乡村振兴中的服务功能，需要上至自治区党委和政府，下至乡村"两委"协同发力。从自治区层面来讲，"十三五"期间，核心任务是贯彻落实西藏边境工作会议精神，坚持把促进边民脱贫致富和守边固边紧密结合起来，整合用好存量政策，进一步加大资金投入力度，确保资源向一线边民倾斜，切实解决好边境地区发展不平衡不充分的问题，不

断改善边民群众的生产生活条件①。按照《西藏自治区边境地区小康村建设规划（2017—2020年）》，2020年之前，西藏自治区整合投入241亿元资金，重点实施水、电、路、通信、网等10项提升工程，实现边境村与周边区域在交通、能源、水利、通信等基础设施方面的互联互通，着力改善边境乡村的居住条件，解决饮水安全问题；自治区参照广东省援助林芝市推进边境地区小康村建设模式，每年整合约60亿元专项资金，加上每年从地方财政预算中拿出的基本建设资金的20%，用于边境地区小康村建设②。同时，大力发展教育文化、医疗卫生事业，提高社会保障水平。按照山南市边境县建设的成功经验，大力发展特色农牧业，打造特色旅游文化产业，引导支持边民就近就地就业，切实推进边境地区经济社会加快发展，确保边境地区与全区一道全面建成小康社会。从农村基层党组织层面来讲，需要借鉴山南市、林芝市米林县实施的"党建+产业"的模式，推动边境乡镇的振兴大计。乡村的组织振兴必须牢牢抓住产业和经济这条主线。只有产业发展了，乡村才能繁荣兴盛，才能聚集人气，形成良性循环。③

"党建+产业"的融合模式解决了党建和发展"两张皮"的难题，能够更好地了解产业发展规律，亦能贴近群众，摸索适宜的发

---

① 参见蒋翠莲、肖涛、冯骥等《坚决贯彻习近平总书记治边稳藏重要战略思想和给玉麦群众的回信精神 加快边疆发展 确保边疆巩固边境安全》，载《西藏日报》2017年12月9日第1版。

② 参见西民《西藏出台规划确保边境地区如期全面建成小康》，载《中国民族报》2017年12月1日第2版；李梅英《民富边稳助小康——我区大力实施边境小康示范村建设》，载《西藏日报》2018年6月4日第1版；玉珍、毛娜《边境地区小康村建设得真美丽——今年首批计划总投资135.25亿元实施395个村》，载《西藏日报》2019年5月11日第1版。

③ 该部分的主要内容作为课题的阶段性成果已经发表。参见王彦智《新时代背景下加快西藏边境乡村振兴的思考——学习十九大精神的体会》，载《西藏民族大学学报》（哲学社会科学版）2018年第1期，第12页。

展模式，及时反馈相关信息，帮助政府制定合理的产业鼓励政策。①

第五节　对标《中国共产党农村基层组织工作条例》，推进农村基层党组织建设，激发组织的战斗力

承前所述，党的十八大以来，西藏自治区党委及边境地市、县、乡镇党委高度重视农村基层党组织建设，以政治建设为统领，深入推进基层党组织的标准化建设，取得了显著的成就；但是，也存在农村基层党组织的政治建设、思想建设、组织建设、作风建设、纪律建设和制度建设不完全同步、不完全协调的问题。这些问题集中表现在思想建设难度大，一些党员干部的思想文化素质较低，短时间内难以提高；作风建设永远在路上，密切党群干群关系任务重；出现村干部贪腐的现象还较多，纪律建设任务繁重；制度建设较为滞后和落实不到位的现象较为突出；等等。以上这些问题的存在，不仅导致西藏边境县农村基层党组织建设的凝聚力和战斗力不强，而且鲜活的事实进一步说明，新时代，加强西藏边境县农村基层党组织建设是一项永远不能松懈的任务，要常抓不懈。2019年《中国共产党农村基层组织工作条例》颁布后，西藏边境县农村基层党组织建设有了符合新时代发展需要的规章制度。通过对标《中国共产党农村基层组织工作条例》，西藏边境县农村基层党组织应开展符合当地实际情况的建设，切实激发党组织的学习本领、政治领导本领、改革创新本领、科学发展本领、依法执政本领、群众工作本领、狠抓落实本领、驾驭风险本领。

---

① 参见娄海波《推进组织振兴　以基层党建促乡村振兴》，载《光明日报》2018年8月23日第5版。

一、准确把握农村基层党组织的政治定位，讲党恩爱核心

新时代，西藏边境县农村基层党组织必须高举中国特色社会主义伟大旗帜，按照《中国共产党章程》的规定设置和运作突出其政治功能，努力使其成为宣传党的主张、贯彻党的决定、领导基层治理、团结动员群众、推动改革发展的坚强战斗堡垒。

党的十八大以来，以习近平同志为核心的党中央给予西藏各族人民特殊的关爱，西藏广大农牧民群众沐浴着党的阳光雨露，充分享受着社会主义新西藏改革发展的成果。西藏边境县农村基层党组织一定要教育和引导广大农牧民明白"惠在何处、惠从何来"，知党恩、感党恩、报党恩、爱核心，让他们明白今天的幸福生活是以习近平同志为核心的党中央特殊关怀和全国人民无私支援的结果，是各级党委和政府团结带领各族人民群众不懈奋斗的结果；教育和引导广大农牧民坚定跟党走，进一步强化"两个维护""四个意识"，在顺利实现全面建成小康社会，实现"两个一百年"奋斗目标的伟大征程中，自觉维护祖国统一、民族团结、社会稳定；教育和引导广大僧尼自觉接受党的领导，深刻领会党的宗教信仰自由的政策和依法管理宗教的基本方针，弘扬历代高僧大德爱国守法品质、护国利民精神、普度众生功德，坚决与达赖集团划清界限，促进宗教与社会主义社会相适应。

二、认真落实农村基层党组织的职责，讲团结爱祖国

《中国共产党农村基层组织工作条例》第十条详细列举了农村基层党组织的六大职责。根据时代的发展需要和全面从严治党的决策部署，与过去相比，该条例明确了农村基层党组织在乡镇经济建设、

政治建设、文化建设、社会建设、生态文明建设中的领导地位。《中国共产党农村基层组织工作条例》第十条规定："需由村民委员会提请村民会议、村民代表会议决定的事情或者集体经济组织决定的重要事项，经村党组织研究讨论后，由村民会议、村民代表会议或者集体经济组织依照法律和有关规定作出决定。"针对过去农村基层党组织同村居民委员会的关系不够规范的问题，《中国共产党农村基层组织工作条例》明确了党组织领导和推进村级民主选举、民主决策、民主管理、民主监督，推进农村基层协商，支持和保障村民依法开展自治活动的功能职责。同时，《中共中央 国务院关于坚持农业农村优先发展做好"三农"工作的若干意见》规定，要建立村居"两委"班子主要成员交叉任职机制。这对理顺乡村权力结构，规范乡村"两委"的关系具有重要意义。

新时代，西藏边境县农村基层党组织要将当地各族人民群众团结在党组织周围，在党组织的领导下开展经济建设、政治建设、文化建设、社会建设、生态文明建设，领导和支持村居民委员会和各类经济合作组织依法开展工作，在生动的社会主义现代化建设中，教育和引导当地农牧民群众将爱国和爱党、爱社会主义结合起来，自觉同达赖集团的分裂言行做斗争；教育和引导当地农牧民群众牢固树立正确的历史观、民族观、国家观、宗教观、文化观，以及唯物论、无神论，不断增强他们对"三个离不开""四个自信""五个认同"的认知，不断增强他们维护祖国统一、维护民族团结、反对民族分裂的责任感和使命感；教育和引导广大僧尼讲团结、爱祖国，牢固树立有国才有家的家国情怀，争做政治上靠得住、宗教上有造诣、品德上能服众、关键时候起作用的合格僧尼。

三、强化农村基层党组织对乡村振兴工作的领导，讲贡献爱家园

"实现中华民族伟大复兴是近代以来中华民族最伟大的梦想。"①"中华民族一家亲，同心共筑中国梦，这是全体中华儿女的共同心愿，也是全国各族人民的共同目标。"② 在实现这一伟大梦想的征程中，在党中央的统一决策部署下，西藏自治区党委和政府团结带领全区各族人民顽强拼搏，坚决打赢脱贫攻坚战，着力实施乡村振兴战略，决胜全面建成小康社会，谱写了中华民族伟大复兴中国梦的西藏篇章。

西藏边境县农村基层党组织作为领导乡村治理、推动乡村改革、发展乡村经济的坚强战斗堡垒，要发挥其"主心骨"的作用，把本地区各族人民群众对党的热爱、对祖国的热爱、对社会主义新西藏的热爱凝聚到如期实现脱贫目标、有效防止返贫、推进乡村振兴的实际行动中来，教育和引导他们不要等、不要靠，把党的好政策与自力更生、勤劳致富结合起来，创造更加美好的生活，建设更加美丽的家园。劳动最光荣，勤劳最能创造幸福生活，游手好闲等不来好日子，光靠国家扶持实现不了全面小康；教育和引导他们团结一心，互帮互助，发扬我国人民的爱国主义、集体主义、社会主义思想和团结友爱、互帮互助的优良传统；教育和引导他们像卓嘎、央宗姐妹一样热爱祖国、忠诚尽责、甘于奉献，争做"神圣国土的守护者、幸福家园的建设者"。同时，也要教育和引导广大僧尼积极践行社会主义核心价值观，弘扬中华传统文化，对教规教义做出符合

---

① 习近平：《决胜全面建成小康社会 夺取新时代中国特色社会主义伟大胜利》，载《人民日报》2017 年 10 月 28 日第 1 版。

② 新华社：《中华民族一家亲 同心共筑中国梦》，载《光明日报》2015 年 10 月 1 日第 1 版。

社会发展和文明进步要求的阐释，推进藏传佛教与社会主义社会相适应的历史进程。①

四、加强农村基层党组织在农牧民生活方式转型方面的示范带动作用，讲文明爱生活

西藏边境县如期完成脱贫攻坚任务，实现全面建成小康社会宏伟目标，顺利实现经济社会长足发展和长治久安战略目标，中央的特殊优惠政策和全国人民的无私援助是不可或缺的，但归根结底得靠当地人民群众自己去奋斗，实现生产生活方式的转型发展。这就需要当地各族人民群众在农村基层党组织的团结带领下，深入开展群众性精神文明创建活动，崇尚科学文明，遵守法律法规，破除封建迷信，改变陈规陋习，淡化宗教的消极影响，追求科学、文明、健康的现代生活方式。早在2009年，自治区就颁布实施了《西藏自治区文明城市（区）、文明单位（行业）、文明乡镇（村）建设管理条例（试行）》，明确了文明乡镇乡村和文明家庭的具体标准。党的十八大以来，西藏自治区党委和政府坚持将物质文明和精神文明一起抓，结合西藏边境地区的实际，在农牧区实施水、电、路、气、通信、广播电视、邮政、优美环境"八到农家"工程，实施改水改厕、人畜分离、沼气入户工程，落实硬化、绿化、亮化、净化、美化等项目，整治村容村貌，建设美丽乡村。

新时代，西藏边境县农村基层党组织需要团结和带领当地各族人民群众，怀着对党的真挚感情和对伟大祖国的热爱，深刻认识到团结稳定是福、分裂动乱是祸的道理，自觉维护祖国统一，加强民族团结，坚决同达赖集团的分裂活动做斗争；践行社会主义核心价

---

① 参见《陈全国在哲蚌寺调研时强调　继承弘扬优良传统　维护和谐稳定大局　积极推动藏传佛教与社会主义社会相适应》，载《西藏日报》2012年9月24日第1版。

值观，弘扬爱党、爱国、爱人民、爱社会主义的精神，做一个道德情操高尚、对社会有贡献的人；树立科学文明的生活理念，崇尚科学，理性对待宗教，淡化宗教的消极影响；树立法治观念，形成学法、尊法、守法的习惯，在实践中运用法律解决生产生活中出现的矛盾和纠纷。同时，也要教育和引导广大僧尼自觉接受党的领导和寺庙管委会的管理，拥护和推进国家法律法规的全面实施，把法律作为行为的准则、做人的底线，争做守法好僧尼，争创和谐模范好寺庙。

五、强化西藏边境县乡镇党委的领导功能，培养和选拔好"双带头人"

一些有能力的西藏边境县农牧民党员，其文化水平不高，不愿意担任党组织负责人，这是制约其农村基层党组织建设的核心问题。这就要求各边境县乡党委认真贯彻落实《中国共产党农村基层组织工作条例》精神，首先在加强自身的基础上，按照"一分部署，九分落实"的要求，领导、督促农村基层党组织贯彻执行好党的路线、方针、政策和上级党组织及本乡镇党员代表大会（党员大会）的决议，定期通过党委会、党委扩大会、党建工作协调会等形式，研究、讨论、决定本乡镇精准扶贫、实现脱贫、发展壮大集体经济等重大问题。特别是要按照干部管理权限，培养好、选拔好、使用好"双带头人"。

首先，培养一支想干事、能干事、会干事的农村党组织书记队伍。针对西藏边境县的特殊情况，一方面，所有村居的党组织书记兼任村居委员会主任，村居"两委"班子成员交叉任职，让有能力、想干事、会干事的干部有充足的权力带动全村的整体发展，提升党员队伍建设质量。另一方面，为了加强农村基层党组织书记队伍的建设，除了做好目前已经在实施的选派乡镇公务员到村居工作、加强大学生村官队伍建设,重点是从返乡创业、致富带头人、回乡务工青年、复员退伍军人中有计划地选拔村居委后备队伍。同时,加强对全体党员干部及后备队伍的培养教育,对这类干部的政治待遇和物质待遇予以不断提高。

其次,加强教育培养,建设一支好的党员队伍。一方面,乡镇党委一定要把好党员的"入口"关,保持党员队伍的纯洁性和先进性。虽然西藏边境乡村普遍存在着党员难发展、发展难的问题,但绝对不能因此放宽入党的标准。尤其是要严格审查入党的动机问题,严防居心不良的人混入党组织。另一方面,大力实施"农牧区党员人才工程",提高党员致富带富能力。按照自治区党委的统一安排部署,各乡镇党委需要严格贯彻落实以"把党员培养成致富能手,把致富能手培养成党员,把党员致富能手培养成村干部"为主要内容的基层党建"三培养"活动,逐步让党员干部真正成为推动西藏基层实现脱贫、防止返贫、促进发展和维护稳定的时代先锋。[①]

再次,创新服务群众工作机制,实行严格考核。针对西藏边境乡村发展能力弱的问题,可以借鉴山南市实行村居"两委"班子创业承诺制并进行三年一考核的经验,以责任制的形式促使农村基层党组织在如何增强党组织政治功能和服务功能方面主动思考、积极作为。实行普通党员责任岗制度,让普通党员不能只将自己的党员身份视为一种荣誉,而必须承担起联系群众、服务群众、维护稳定、促进发展等职责。对于长期不履行职责、连续三次考核不合格的党组织和党员,按照纪律处分条例给予相应的处理。

最后,持续深化已经在全区边境线实施多年的"千里边境党建长廊"品牌建设。当前,全区4个边境地市和21个边境县党委均较好地贯彻落实"千里边境党建长廊"品牌建设,但内容需要深化,

---

① 参见孙勇《维护西藏地区社会稳定对策研究》,西藏人民出版社2015年版,第460页。

载体需要丰富。根据新时代西藏边境乡村振兴的需要和边境建设的要点，各边境县乡镇党委需要带领农村各基层党组织持续强化对农牧民的国门意识、国防意识教育，把党对边境地区建设的政策和边境小康村建设优惠政策宣讲到位，不断增强边境地区各族人民群众的"五个认同"，进而内化为抵御分裂势力渗透、维护祖国统一的思想自觉和行动自觉。

第六节　发挥党政军警民合力强边固防优势，形成共建共治共享的边境乡村治理格局

西藏21个边境县由东向西分别同印度、尼泊尔、不丹等国，以及克什米尔地区接壤，边境线长4000多千米，而且地形地貌复杂、山口通道众多，维护祖国的主权和领土完整，实现西藏的和谐稳定，达到持续稳定、长期稳定和全面稳定的目标任务，艰巨复杂，而且西藏的稳定对邻近四省藏族聚居区的稳定发展具有至关重要的影响。这正是习近平总书记提出的"治国必治边、治边先稳藏"重要论述的精神实质。边境县作为维护稳定、拱卫国家安全的第一道防线，维护边境县及其乡村的稳定，有效地维护国家的主权和领土完整，是边境地市、县、乡镇政权设置与运行的首要的政治目标和行政目标。

一、西藏边境县农村党政军警民合力强边固防的理论与现实依据

凡是边疆地区，绝大多数是远离国家政治中心、经济中心和文化中心的。边疆地区的普遍性特征是自然环境恶劣、基础设施落后、总体经济发展水平低下、社会发育迟滞、民族宗教问题交织、地缘

政治关系复杂，导致威胁国家安全的因素增多，当地的和谐稳定大局受到多重威胁。西藏是我国的边疆少数民族自治区，地处国家西南边境线上的21个边境县是特殊的区域。我国与印度存在着严重的领土争端，而达兰萨拉还存在着组织体系完备、国际影响较大的达赖分裂主义集团。在西方敌对势力利用达赖集团牵制、搞乱直至"肢解"中国的图谋不变的情境下，维护西藏边境县及西藏全区的和谐稳定，任务艰巨而神圣。

治理理论范式的兴起是西方发达资本主义国家适应外部环境变化而进行自我调适的一种能力的体现和改革进程，目的是更好地协调和实现政府、市场和社会三者之间的有效互动。[①] 20世纪90年代，这一概念传入我国，逐渐成为一个热门词汇。2013年颁布的《中共中央关于全面深化改革若干重大问题的决定》明确将"推进国家治理体系和治理能力现代化"确立为我国全面深化改革的一项总目标和总要求。综观学术界的观点，人们一般将"治理"的核心特征总结为政府功能和角色的重新定位、治理手段与治理结构呈现多样化和多层次性、治理主体的合作协调和良性互动三个核心方面。

简言之，西藏边境县的情况十分复杂，维护祖国统一和领土主权完整的任务十分繁重，不是单靠一种力量所能解决的。中华人民共和国成立以来，尤其是党的十八大以来，西藏边境县的改革发展取得了举世瞩目的成就，农村基层党组织经过系统性的建设，已经具有了良好的基础，边境县每县均有边防部队、消防中队、公安武警的武装力量部署，为西藏边境县农村构建党政军警民合力强边固防体制奠定了基础。

2018年4月23日，中共中央政治局召开会议，研究审议了《关于新时代加强党政军警民合力强边固防的意见》。会议指出，党政军

[①] 参见何翔舟、金潇《公共治理理论的发展及其中国定位》，载《学术月刊》2014年第46卷第8期，第133页。

警民合力强边固防是我国边海防的独特优势,新时代巩固党政军警民合力强边固防,对加强党对边海防工作集中统一领导、实现建设强大稳固现代边海防战略目标具有十分重要的意义。①

二、西藏边境县农村党政军警民合力强边固防的实践

根据《关于新时代加强党政军警民合力强边固防的意见》、西藏自治区边境工作会议和全区公安边防部队边境管控体系建设推进会的精神,笔者认为,西藏边境县党政军警民合力强边固防是指:以国家边防相关法律法规为依据,以长期建藏、富民兴藏、稳边固本、长治久安为目标,在边境地市、县党委和政府统一领导协调下,综合党政军警民各自的职能作用,合力解决边境地区各类突出问题,维护和保持边境稳定的秩序,营造良好的边境地区稳定发展环境,全面构筑立体化的稳固边防体制。有学者认为,构建党政军警民合力强边固防,能够实现治安管控的常态化、高效化,建设平安边疆;能够优化社会管理和公共服务,建设幸福边疆;能够体现党的执政宗旨和军警民团结,建设和谐边疆②。

西藏边境县构建党政军警民合力强边固防,在西藏边境县抗震救灾和边乡村基层党组织建设中体现出积极的效能。2015年5月,日喀则市聂拉木县和吉隆县发生严重的地震灾害。据《西藏日报》报道,"在突如其来的自然灾害面前,各级党政组织、广大党员干部身先士卒,冲锋战斗在抗震救灾第一线;驻藏人民解放军、武警部队、公安民警、边防消防官兵快速反应,舍生忘死,成为抢险救灾

---

① 参见新华社《中共中央政治局召开会议 分析研究当前经济形势和经济工作 审议〈关于新时代加强党政军警民合力强边固防的意见〉 中共中央总书记习近平主持会议》,载《中国应急管理》2018年第4期,第7页。

② 参见马宇飞《论党政军警民合力治边体系》,载《广西民族师范学院学报》2016年第33卷第5期,第18—19页。

的主力军；社会各界紧急动员，向受灾群众伸出援助之手；灾区人民守望相助，共克时艰"①。正是因为全区党政军警民携手并肩，形成合力，才能在短时间内取得抗震救灾工作阶段性重大胜利。习近平总书记在指示中，高度肯定了西藏全区党政军警民协调联动救灾工作②。

笔者在第五章阐述林芝市米林县南伊乡琼林村基层党组织建设的情况时提到，琼林村党支部充分发挥本村驻守边防部队的优势，扎实推动军地共建。军队官兵积极帮助当地人民群众做好生产、电力、医疗等服务，促进新时代军民关系融合、融洽。近年来，琼林村党支部聘请5名驻地部队官兵担任"小牧屋党小组"国防教育员，定期开展国防知识培训11次，取得了很好的效果。

笔者认为，这些经历和经验，非常值得在全区边境县农村基层党组织中推广。

三、进一步发挥西藏边境县农村党政军警民合力强边固防的建议③

针对西藏边境县的实际情况和特殊的政治与行政目标，针对农村基层党组织在建设过程中所面临的特殊形势和特殊问题，笔者认为，在全区推广米林县南伊乡琼林村的经验，进一步发挥党政军警民合力强边固防的优势，构建具有中国特色、西藏边境县特点的共建共治共享乡村治理格局，是最现实、最合理的选择。针对西藏边

---

① 《西藏日报》社：《坚持党政军警民协调联动　众志成城战胜天灾——学习贯彻习近平总书记重要指示精神系列评论之四》，载《西藏日报》2015年5月11日第1版。
② 参见《西藏日报》社《坚持党政军警民协调联动　众志成城战胜天灾——学习贯彻习近平总书记重要指示精神系列评论之四》，载《西藏日报》2015年5月11日第1版。
③ 该部分的主要内容作为课题的阶段性成果已经发表。参见王彦智《新时代背景下加快西藏边境乡村振兴的思考——学习十九大精神的体会》，载《西藏民族大学学报》（哲学社会科学版）2018年第1期，第12页。

境乡村远离政治中心、日常的政治宣传教育效果不佳、党组织的凝聚力和战斗力不强等现实问题，结合边境乡村附近长期驻守边防支队、情报侦察支队和机动支队的情况，让人民军队在与边境县乡镇党委和政府合力治边中承担起边境乡村党校的功能；针对边境地区基础设施建设困难且成本高昂，制约了经济社会发展的情况，借鉴新疆生产建设兵团的成功经验，充分发挥军队在当地基础设施建设和经济社会发展中的重大作用。这应当是成本最小、效益最高的战略性措施。同时，通过培养当地农牧民的爱国守边精神、加大发放边民补贴、壮大边境乡村集体经济、实现边境地区与中心地区协调发展等实实在在的举措，进一步发挥边境乡村农牧民亦民亦"兵"的双重身份，使每一个边境乡村农牧民成为守护祖国边疆的不穿军装的忠诚战士。2017年2月20日，西藏全区公安边防部队边境管控体系建设推进会在山南市举行。区党委常委、区党委政法委书记何文浩在讲话中指出，"十三五"期间，公安边防部队要在党政军警民"五位一体"防控体系的基础上，建设符合西藏特点的边境管控体系。时任山南市委书记的张永泽在致辞中指出，山南市将坚持党政军警民联防联控，筑牢指挥体系、边境管控、信息建设、执法办案、群防组织"五大战线"，赋予一线边民"五员"职责，强化"村村是堡垒、户户是哨所、人人是哨兵、生产是执勤、放牧是巡逻、处处是防范"的严密防控网络[①]。

---

① 参见普布旺堆、伍小龙《全区公安边防部队边境管控体系建设推进会召开》，山南网，2017年2月21日，见 http://www.xzsnw.com/xwsnkx123863.html。

参考文献

一、经典著作与党政文件类文献

［1］毛泽东. 毛泽东选集：第1卷［M］. 北京：人民出版社，1991.

［2］毛泽东. 毛泽东选集：第2卷［M］. 北京：人民出版社，1991.

［3］毛泽东. 毛泽东选集：第3卷［M］. 北京：人民出版社，1991.

［4］毛泽东. 毛泽东选集：第4卷［M］. 北京：人民出版社，1991.

［5］中共中央文献研究室，中共西藏自治区委员会，中国藏学研究中心. 毛泽东西藏工作文选［M］. 北京：中央文献出版社、中国藏学出版社，2001.

［6］中共中央马克思恩格斯列宁斯大林著作编译局. 马克思恩格斯选集：第1卷［M］. 北京：人民出版社，2012.

［7］中共中央马克思恩格斯列宁斯大林著作编译局. 马克思恩格斯选集：第2卷［M］. 北京：人民出版社，2012.

［8］中共中央马克思恩格斯列宁斯大林著作编译局. 马克思恩格斯选集：第3卷［M］. 北京：人民出版社，2012.

［9］中共中央马克思恩格斯列宁斯大林著作编译局. 马克思恩格斯选集：第4卷［M］. 北京：人民出版社，2012.

［10］中共中央文献研究室. 十八大以来重要文献选编：上［M］. 北京：中央文献出版社，2014.

[11] 中华人民共和国国务院新闻办公室. 西藏发展道路的历史选择 [M]. 北京：人民出版社, 2015.

[12] 中华人民共和国国务院新闻办公室. 民族区域自治制度在西藏的成功实践 [M]. 北京：人民出版社, 2015.

[13] 西藏自治区人民政府. 西藏自治区"十三五"时期国民经济和社会发展规划纲要 [N]. 西藏日报, 2016-04-24 (6).

[14] 习近平. 习近平谈治国理政：第1卷 [M]. 北京：外文出版社, 2018.

[15] 习近平. 习近平谈治国理政：第2卷 [M]. 北京：外文出版社, 2017.

[16] 《党的十九大报告辅导读本》编写组. 党的十九大报告辅导读本 [M]. 北京：人民出版社, 2017.

[17] 《中国共产党章程》编写组. 中国共产党章程 [M]. 北京：人民出版社, 2017.

[18] 《中共中央国务院关于实施乡村振兴战略的意见》编委会. 中共中央国务院关于实施乡村振兴战略的意见 [M]. 北京：人民出版社, 2018.

[19] 新华社. 中共中央印发《中国共产党农村基层组织工作条例》[N]. 人民日报, 2019-01-11 (1).

[20] 新华社. 中共中央 国务院关于坚持农业农村优先发展做好"三农"工作的若干意见 [N]. 人民日报, 2019-02-20 (1).

二、西藏地方志书类文献

[1] 林芝地区地方志编纂委员会. 林芝地区志 [M]. 北京：中国藏学出版社, 2006.

[2] 西藏自治区人民政府办公厅. 西藏自治区志：政务志 [M]. 北京：中国藏学出版社, 2007.

[3] 山南地区地方志编纂委员会. 山南地区志 [M]. 北京：中华书局, 2009.

[4] 西藏自治区地方志编纂委员会，西藏自治区阿里地区志编纂委员会. 阿里地区志：上册［M］. 北京：中国藏学出版社，2009.

[5] 西藏自治区地方志编纂委员会，西藏自治区阿里地区志编纂委员会. 阿里地区志：下册［M］. 北京：中国藏学出版社，2009.

[6] 米林县地方志编纂委员会. 米林县志［M］. 北京：中国藏学出版社，2009.

[7] 西藏自治区地方志编纂委员会，《西藏自治区志·民政志》编纂委员会. 西藏自治区志：民政志［M］. 北京：中国藏学出版社，2010.

[8] 西藏自治区地方志编纂委员会，西藏自治区日喀则地区地方志编纂委员会. 日喀则地区志：上册［M］. 北京：中国藏学出版社，2011.

[9] 西藏自治区地方志编纂委员会，西藏自治区日喀则地区地方志编纂委员会. 日喀则地区志：下册［M］. 北京：中国藏学出版社，2011.

[10] 西藏自治区地方志编纂委员会，西藏自治区阿里地区普兰县地方志编纂委员会. 普兰县志［M］. 成都：巴蜀书社，2011.

[11] 西藏自治区地方志编纂委员会，西藏自治区错那县地方志编纂委员会. 错那县志［M］. 北京：中国藏学出版社，2013.

三、著作类文献

[1] 杨公素. 所谓"西藏独立"活动的由来［M］. 北京：中国藏学出版社，1990.

[2] 多杰才旦. 西藏封建农奴制社会形态［M］. 北京：中国藏学出版社，1996.

[3] 江平，李佐民，宋盈亭，等. 西藏的宗教和中国共产党的宗教政策［M］. 北京：中国藏学出版社，1996.

[4] 白寿彝. 中国通史纲要［M］. 上海：上海人民出版社，1980.

[5] 顾祖成. 明清治藏史要［M］. 拉萨：西藏人民出版社，济南：齐鲁书社，1999.

[6] 江村罗布. 辉煌的二十世纪新中国大记录：西藏卷：1949—1999［M］. 北京：红旗出版社，1999.

[7] 陈奎元. 西藏的脚步［M］. 北京：中共中央党校出版社，1999.

[8] 费孝通. 中华民族多元一体格局［M］. 北京：中央民族大学出版社，1999.

[9] 马大正. 中国边疆经略史［M］. 郑州：中州古籍出版社，2000.

[10] 罗广武，何宗英. 西藏地方史通述：上［M］. 拉萨：西藏人民出版社，2007.

[11] 罗广武，何宗英. 西藏地方史通述：下［M］. 拉萨：西藏人民出版社，2007.

[12] 东嘎·洛桑赤列. 论西藏政教合一制度［M］. 郭冠忠，王玉平，译. 拉萨：西藏人民出版社，2008.

[13] 金炳镐. 新中国民族政策60年［M］. 北京：中央民族大学出版社，2009.

[14] 王小彬. 经略西藏：新中国西藏工作60年［M］. 北京：人民出版社，2009.

[15] 朱晓明，沈桂萍. 爱国宗教力量建设问题研究［M］. 北京：中国藏学出版社，2009.

[16] 中共西藏自治区委员会党史研究室. 执政中国：西藏卷［M］. 北京：中共党史出版社，2011.

[17] 马戎. 西藏社会发展研究［M］. 北京：民族出版社，2011.

[18] 陈烨. 转型与发展：民族问题与政治稳定［M］. 北京：中央民族大学出版社，2011.

[19] 宋月红. 当代中国的西藏政策与治理［M］. 北京：人民出版社，2011.

[20] 降边嘉措. 民族区域自治政策在西藏的成功实践［M］. 北京：社会科学文献出版社，2011.

[21] 周平. 多民族国家的族际政治整合［M］. 北京：中央编译出版社，2012.

[22] 马戎. 中国少数民族地区社会发展与族际交往［M］. 北京：社会科学文献出版社，2012.

[23]《中华通鉴·西藏卷》编纂委员会. 中华通鉴·西藏卷：第1～2卷［M］. 北京：中国藏学出版社，2013.

[24] 周挺. 乡村治理与农村基层党组织建设［M］. 北京：知识产权出版社，2013.

[25] 王小彬. 中国共产党西藏政策研究［M］. 北京：人民出版社，2013.

[26] 陈燕楠，靳铭，王紫贵. 党建研究［M］. 北京：人民出版社，2014.

[27] 朱晓明，张云，周源，等. 西藏通史：当代卷：上［M］. 北京：中国藏学出版社，2016.

[28] 张云. 西藏通史·当代卷：下Ⅰ［M］. 北京：中国藏学出版社，2016.

[29] 张云. 西藏通史·当代卷：下Ⅱ［M］. 北京：中国藏学出版社，2016.

[30] 孙勇. 维护西藏地区社会稳定对策研究［M］. 拉萨：西藏人民出版社，2015.

[31] 王同昌. 新时期农村基层党组织建设研究［M］. 合肥：合肥工业大学出版社，2015.

[32] 邢广程. "治国必治边、治边先稳藏"重要战略思想研究［M］. 北京：社会科学文献出版社，2016.

[33] 崔建民，陈东平，孙伟平，等. 党的建设研究报告：No. 1 [M]. 北京：社会科学文献出版社，2016.

[34] 钟世禄. 中国共产党在边疆少数民族地区执政方略研究 [M]. 昆明：云南人民出版社，2016.

四、报纸期刊类文献

[1] 胡锦涛. 在国务院第五次全国民族团结进步表彰大会上的讲话 [J]. 今日民族，2009（10）：4-9.

[2] 新华社. 中共中央国务院召开第五次西藏工作座谈会 [N]. 光明日报，2010-01-23（1）.

[3] 新华社. 依法治藏富民兴藏长期建藏 加快西藏全面建成小康社会步伐 [N]. 人民日报，2015-08-26（1）.

[4] 高峰. 试论老西藏精神的科学内涵及当代价值 [J]. 西藏民族大学学报（哲学社会科学版），2015（6）：96-100，118.

[5] 周竞红. 实效之求：民族团结创建活动与载体 [J]. 齐齐哈尔大学学报（哲学社会科学版），2015（10）：31-35.

[6] 新华社. 中华民族一家亲 同心共筑中国梦 [N]. 光明日报，2015-10-01（1）.

[7] 新华社. 发展中国特色社会主义宗教理论 全面提高新形势下宗教工作水平 [N]. 光明日报，2016-04-24（1）.

[8] 何星亮. 中华民族在互动融合中形成和发展 [N]. 人民日报，2016-07-22（7）.

[9] 《西藏日报》社. 高原党旗熠熠生辉：我区基层党建工作综述 [N]. 西藏日报，2016-07-29（1）.

[10] 马宇飞. 论党政军警民合力治边体系 [J]. 广西民族师范学院学报，2016，33（5）：16-19.

[11] 赵书彬. 大力实施强边固边兴边富边战略 推动边境发展稳定再上新的台阶 [N]. 西藏日报，2017-06-14（1）.

[12] 王菲. 我区在全国率先建立边民补贴制度 [N]. 西藏日

报，2017-09-10（1）.

[13] 曾万明. 用好巡视利剑 锻造治边稳藏干部队伍[N]. 西藏日报，2017-09-14（2）.

[14] 姚闻. 让党的旗帜在雪域高原每个阵地高高飘扬：党的十八大以来西藏基层党组织建设综述[N]. 西藏日报，2017-10-05（1）.

[15] 新华社. 习近平回信勉励西藏牧民群众 像格桑花一样扎根在雪域边陲 做神圣国土的守护者 幸福家园的建设者[N]. 人民日报，2017-10-30（1）.

[16] 金炳镐，文兵，张娇. 中国"民族团结进步"实践的内涵、历程和特点：民族团结进步理论与实践研究系列之五[J]. 黑龙江民族丛刊，2017（3）：5-13.

[17] 西民. 西藏出台规划确保边境地区如期全面建成小康[N]. 中国民族报，2017-12-01（2）.

[18] 段敏. 党的光辉照边疆：山南市固边富民工作综述[N]. 西藏日报，2017-12-08（1）.

[19] 邓建胜. 倾力建设628个边境小康村 西藏边陲再远，脱贫不远[N]. 人民日报，2017-12-18（1）.

[20] 乌小花. 习近平新时代民族团结进步思想的多维度与新内涵[J]. 中央民族大学学报（哲学社会科学版），2017，44（6）：28-35.

[21]《西藏日报》社. 加强维护稳定工作 积极创建平安边境：自治区政协社会法制外事委员会五年工作综述[N]. 西藏日报，2017-12-18（2）.

[22] 常川，肖涛，陈跃军. 贯彻新时代党的建设总要求 加强基层党组织建设 为西藏长足发展和长治久安提供坚强组织保障[N]. 西藏日报，2018-02-09（1）.

[23] 耿洪彬. 基层党组织要突出政治功能[N]. 光明日报，2018-02-22（5）.

［24］贺东航. 加强党在农村基层的全面领导　助推乡村振兴战略［N］. 福建日报，2018－04－03（9）.

［25］刘枫. 党旗飘扬映雅砻：2017 年西藏山南市党建工作综述［N］. 西藏日报，2018－07－12（11）.

［26］张林. 架构严　内容新　方式活　评估实：日喀则市探索基层干部教育培训新途径［N］. 西藏日报，2018－07－24（5）.

［27］娄海波. 推进组织振兴　以基层党建促乡村振兴［N］. 光明日报，2018－08－23（5）.

［28］王雅慧. 推动全面从严治党迈上新征程：我区党建和组织工作综述［N］. 西藏日报，2018－11－01（1）.

［29］曾万明. 大力推进基层党组织标准化规范化建设［J］. 党建研究，2018（6）：52－53.

［30］肖涛，蒋翠莲，陈跃军. 全面加强基层组织建设和干部队伍建设　为西藏长足发展长治久安提供坚强组织保障：吴英杰主持会议［N］. 西藏日报，2018－12－04（1）.

［31］王雨霏. 扬帆破浪正当时　党旗飘扬谱新篇：山南市 2018 年上半年基层党建工作综述［N］. 西藏日报，2018－12－27（6）.

［32］肖涛，谭主峰. 标准化党建引领事业阔步前行［N］. 西藏日报，2018－12－28（4）.

［33］吴英杰. 坚定不移做神圣国土守护者和幸福家园建设者：卓嘎、央宗姐妹先进事迹的精神内涵和时代价值［J］. 新西藏，2019（1）：9－12.

［34］张斌. 日喀则市针对性建设标准化基层党组织［N］. 西藏日报，2019－01－04（5）.

［35］自治区创先争优强基础惠民生活动办公室. 努力推动西藏组织工作迈上新台阶［N］. 西藏日报，2019－01－06（3）.

［36］王雨霏. 强化党建引领　决胜脱贫攻坚［N］. 西藏日报，2019－01－16（1）.

后　记

　　2015年8月24日—25日，中央第六次西藏工作座谈会在北京召开。在这次会议上，习近平总书记深刻阐述了党的治藏方略之内涵，即"必须坚持中国共产党领导，坚持社会主义制度，坚持民族区域自治制度；必须坚持治国必治边、治边先稳藏的战略思想，坚持依法治藏、富民兴藏、长期建藏、凝聚人心、夯实基础的重要原则；必须牢牢把握西藏社会的主要矛盾和特殊矛盾，把改善民生、凝聚人心作为经济社会发展的出发点和落脚点，坚持对达赖集团斗争的方针政策不动摇；必须全面正确贯彻党的民族政策和宗教政策，加强民族团结，不断增进各族群众对伟大祖国、中华民族、中华文化、中国共产党、中国特色社会主义的认同；必须把中央关心、全国支援同西藏各族干部群众艰苦奋斗紧密结合起来，在统筹国内国际两个大局中做好西藏工作；必须加强各级党组织和干部人才队伍建设，巩固党在西藏的执政基础"，并据此确定了新时代党的西藏工作的目标："确保国家安全和长治久安，确保经济社会持续健康发展，确保各族人民物质文化生活水平不断提高，确保生态环境良好"[①]，实现西藏经济社会长足发展和长治久安。

　　2020年8月28日—29日，中央第七次西藏工作座谈会在北京召开。习近平总书记在讲话中全面总结了中央第六次西藏工作座谈会以来的工作成绩和经验，深刻阐述了新时代党的治藏方略。习近平

---

　　① 新华社：《依法治藏富民兴藏长期建藏　加快西藏全面建成小康社会步伐》，载《人民日报》2015年8月26日第1版。

总书记指出,做好西藏工作,"必须坚持中国共产党领导、中国特色社会主义制度、民族区域自治制度,必须坚持治国必治边、治边先稳藏的战略思想,必须把维护祖国统一、加强民族团结作为西藏工作的着眼点和着力点,必须坚持依法治藏、富民兴藏、长期建藏、凝聚人心、夯实基础的重要原则,必须统筹国内国际两个大局,必须把改善民生、凝聚人心作为经济社会发展的出发点和落脚点,必须促进各民族交往交流交融,必须坚持我国宗教中国化方向、依法管理宗教事务,必须坚持生态保护第一,必须加强党的建设特别是政治建设"①。习近平总书记强调,落实好新时代党的治藏方略,要加强对群众的教育引导,广泛发动群众参与反分裂斗争,形成维护稳定的铜墙铁壁;要深入开展党史、新中国史、改革开放史、社会主义发展史和西藏地方与祖国关系史教育;要重视加强学校思想政治教育,把爱国主义精神贯穿各级各类学校教育全过程;要培育和践行社会主义核心价值观,不断增强各族群众对伟大祖国、中华民族、中华文化、中国共产党、中国特色社会主义的认同;要挖掘、整理、宣传西藏自古以来各民族交往交流交融的历史事实,促进各民族交往交流交融;要积极引导藏传佛教与社会主义社会相适应,推进藏传佛教中国化;最终的目标是"确保国家安全和长治久安,确保人民生活水平不断提高,确保生态环境良好,确保边防巩固和边境安全,努力建设团结富裕文明和谐美丽的社会主义现代化新西藏",实现西藏的长治久安和高质量发展。② 2020 年 9 月 28 日—29 日,中共西藏自治区第九届委员会第八次全体会议在拉萨举行,会议审议通过了《中共西藏自治区委员会关于贯彻落实中央第七次西

---

① 新华社:《全面贯彻新时代党的治藏方略　建设团结富裕文明和谐美丽的社会主义现代化新西藏》,载《人民日报》2020 年 8 月 30 日第 1 版。

② 参见新华社《全面贯彻新时代党的治藏方略　建设团结富裕文明和谐美丽的社会主义现代化新西藏》,载《人民日报》2020 年 8 月 30 日第 1 版。

藏工作座谈会精神进一步推进西藏长治久安和高质量发展的实施意见》。①

通过对中央第六次西藏工作座谈会、第七次西藏工作座谈会精神的学习，我们不难发现，一方面，社会主义新西藏的建设取得了辉煌的成就，同时也面临着发展过程中必须面对的新问题，党的治藏方略的核心内涵自然从"六个必须"发展为"十个必须"，西藏经济社会发展的核心工作从"三件大事"（稳定、发展、生态）发展为"四件大事"（稳定、发展、生态、强边），党的西藏工作目标从"长足发展和长治久安"发展为"长治久安和高质量发展"。另一方面，中央强调统筹国际、国内"两个大局"，发扬"老西藏精神"，落实长期建藏方针，全面加强党的建设，把维护祖国统一、加强民族团结作为西藏工作的着眼点和着力点，把改善民生、凝聚人心作为经济社会发展的出发点和落脚点，筑牢西藏稳定发展的政治、经济、生态、社会、文化和民心根基，铸牢中华民族共同体意识，这是始终如一的。

党的十八大以来，尤其是中央第六次西藏工作座谈会以来，在习近平总书记和党中央的坚强领导下，在全国人民大力支持下，自治区党委团结带领全区广大干部群众坚定不移贯彻落实习近平总书记关于西藏工作的重要指示精神和党中央的决策部署，"着眼长治久安打基础、聚焦脱贫攻坚奔小康、瞄准改善民生聚人心、围绕美丽西藏建屏障、紧扣兴边富民强边防、突出基层组织筑堡垒，解决了许多长期想解决而没有解决的难题，办成了许多过去想办而没有办

---

① 常川、陈跃军：《自治区党委九届八次全会在拉萨举行，审议通过〈中共西藏自治区委员会关于贯彻落实中央第七次西藏工作座谈会精神进一步推进西藏长治久安和高质量发展的实施意见〉》，载《西藏日报》2020年9月30日第1版。

成的大事,推动各项事业取得全方位进步、历史性成就"①。据新闻媒体报道,截至2019年年底,"西藏最后一批19个贫困县(区)全部摘帽,标志着西藏全区基本消除绝对贫困"②。通过大力实施以"神圣国土守护者、幸福家园建设者"为主题的乡村振兴战略,逐步达到了"边民脱贫致富和守边固边相结合,补齐基础设施和公共服务的短板,加快边境地区发展"③之目的,取得了举世瞩目的成就。例如,2018年,一条投资2亿余元、总长34千米的隆子县扎日乡曲桑村至玉麦乡的柏油公路顺利建成,习近平总书记关心的"边境孤岛"玉麦,与西藏主干道路网联通④;阿里地区札达县楚鲁松杰乡党委书记介绍,"在党的各项惠民政策帮扶下,(全乡)470多名群众已脱贫"⑤。楚鲁松杰乡的巴卡村,曾是西藏最难抵达的边境村庄之一。现在,"45岁的次白益西和妻子顿珠桑姆今年一开春,就从阿孜冬季牧场迁回边境小康村的新房里。新房卧室、客厅、厨房、储物间、厕所划分合理,宽敞的院落能种菜养花"⑥。次白益西说:"这得益于国家实施的边境小康示范村项目。现在我们吃穿不愁,家园越来越美,政府还发放边民补贴……我们安心守边的信心更足了。"⑦

---

① 常川、陈跃军:《自治区党委九届八次全会在拉萨举行,审议通过〈中共西藏自治区委员会关于贯彻落实中央第七次西藏工作座谈会精神进一步推进西藏长治久安和高质量发展的实施意见〉》,载《西藏日报》2020年9月30日第1版。

② 新华社:《加快推进西藏经济社会高质量发展——论学习贯彻习近平总书记在中央第七次西藏工作座谈会上重要讲话》,载《人民日报》2020年9月2日第1版。

③ 图登克珠、徐宁:《加快推进西藏边境小康村建设》,载《中国政协报》2020年9月24日第4版。

④ 参见尕玛多吉《写在世界屋脊上的"中国奇迹"——中央第六次西藏工作座谈会以来西藏发展纪实》,载《光明日报》2020年8月27日第1版。

⑤ 沈虹冰、罗布次仁、罗博:《庄重的承诺 历史的奇迹——西藏自治区决战脱贫攻坚纪实》,载《西藏日报》2020年9月1日第1版。

⑥ 沈虹冰、罗布次仁、王琦等:《阔步走在新时代康庄大道上——以习近平同志为核心的党中央关心西藏工作纪实》,载《西藏日报》2020年8月28日第1版。

⑦ 沈虹冰、罗布次仁、王琦等:《阔步走在新时代康庄大道上——以习近平同志为核心的党中央关心西藏工作纪实》,载《西藏日报》2020年8月28日第1版。

吉隆县吉隆镇乃村曾是 2015 年尼泊尔大地震的重灾区。经过几年的建设，乃村已经成为道路通畅、人民生活幸福的边境小康村。① 这些激动人心的发展现实凝结了各级党委和基层党组织的心血，倾注了全国各省市及央企对口支援单位的无私援助，反映了我国和谐的社会主义民族关系的本质，体现了中国特色社会主义制度的优越性！

在我国全面建成小康社会决胜阶段，即将开启全面建设社会主义现代化国家新征程的关键时期，西藏 4 个边境地市、21 个边境县党委需要认真贯彻落实中央第七次西藏工作座谈会精神，特别是习近平总书记的重要讲话精神，贯彻落实自治区党委九届八次全会精神，严格按照《中共西藏自治区委员会关于贯彻落实中央第七次西藏工作座谈会精神进一步推进西藏长治久安和高质量发展的实施意见》要求，尤其在现有基础上，进一步加强边境县农村基层党组织建设，"不断夯实基层基础，推动从严管党治党走深走实，确保党在西藏的执政基础更加坚实"，"围绕加快边疆发展，确保边防巩固和边境安全这条主线，下大力气改善边民生产生活条件，完善边民补贴政策，不断提升边境基层党组织稳边固边兴边能力，确保边防巩固和边境安全"。②

换言之，持续加强西藏边境县农村基层党组织建设，在基层党组织的团结带领下，实现党的执政基础更加坚实、边境地区更加和谐稳定、各族人民群众的生活更加富裕安康的目标，这是党中央的殷切期盼和当地各族人民群众的热切期待。

本书是西藏自治区哲学社会科学专项资金项目"西藏边境县基层党组织建设研究"（项目编号 16BDJ001，结项证书号 2019024）的

---

① 多吉占堆、薛文献：《西藏一个边境山村的新生》，载《中国西藏》2020 年第 2 期，第 55 页。
② 常川、陈跃军：《自治区党委九届八次全会在拉萨举行，审议通过〈中共西藏自治区委员会关于贯彻落实中央第七次西藏工作座谈会精神进一步推进西藏长治久安和高质量发展的实施意见〉》，载《西藏日报》2020 年 9 月 30 日第 1 版。

最终成果。其中，第一章由何君安、王彦智共同撰写，第二章、第三章由何君安撰写，第四章、第五章、第六章、第七章由王彦智撰写，王彦智负责统稿。

中山大学是西藏民族大学的对口支援单位。在西藏民族大学的建设和发展中，中山大学给予了长期、坚定、无私的援助。本书最终得以付梓，亦得益于中山大学出版社的援助指导！在此，我们衷心感谢中山大学出版社，感谢中山大学出版社的嵇春霞副总编辑及编辑部老师细致耐心的指导、校对。正是他们的辛勤付出，不仅让本书的纰漏之处降至最低，大大增强了文中每一句话的科学性和可验证性，而且对我们是一次科学精神的再教育！

王彦智

2020 年 10 月 16 日